心理臨床の広がり

新曜社

まえがき

本書は帝塚山学院大学心理教育相談センター主催のカウンセリング公開講座の第四集である。

もともとこの講座は、故河合隼雄先生が大きい力を貸してくださり、できるだけ長く続けるよう仰言っていただいていたものである。亡くなられるまでの三年間は、いつも第一講をお引き受けくださり、皆さまご承知の軽妙な語り口でありながら、深く考えさせるお話を聞かせてくださった。

河合先生がお亡くなりになった年は、茫然自失の態で、到底、講座を続ける気力が湧かず、中止のやむなきに至った。しかし、それまで講座を聴いてくださった方々のあいだから、ぜひ復活をというお言葉を多数いただき、それが河合先生のご遺志にもかなうことになろうかと考え直し、昨年度、復活の第四回を開催することになったものである。幸い、以前と変わらぬ多くの方にご参加いただき、例年どおり、その内容をこういう形で皆さま方にお届けすることが可能になった。編者としては感慨無量である。

内容については、お読みいただければわかることであるが、第一講の岸本寛史先生は、内科医ではあるが、いまや「ナラティヴ・ベースト・メディシン」のリーダーの一人であり、緩和ケアについての深く豊かな経験に基づく多くの発言は、真摯に実践に取り組む心理臨床家にも訴えるところ極めて大きいものがある。ナラティヴとイメージに関わる今回の講義は、先生の臨床の場における姿をまざまざと思い浮かばせるかの内容で、受講者に鮮烈な印象を与えた。

第二講は本学の氏原寛によるものである。四十年以上ひたすらカウンセリングに打ち込んできた経験に基づき、生きることと死ぬことが同じ一つの現象の表と裏をなすこと、現代の不適応の多くは、人々がもっぱら生きることに専念し、「生」を裏づけている「死」を忘れていることに由来しているからではないか、ということが論じられている。

第三講の松木邦裕先生は、いうまでもなく、わが国の精神分析学界において、いまや押しも押されぬ指導的役割を果たしておられる方である。とくに、ビオンの枠組を踏まえた事例分析の鮮やかさには定評がある。本講では、人生につきものの「喪失体験」について、その悲しみを深く受け止めることが、それをこころの糧とすることができるか、病的なうつに取り込まれるかの分かれ目であることが、われわれ心理臨床家にも納得できるように説かれている。

第四講の皆藤章先生は、風景構成法について、創始者の中井久夫先生の方法によりながら、精神科医というよりも心理臨床家の立場から独自の境地を切り開いた人である。そして、この技法が単なる心理査定の域を遥かに超え、それ自体が紛れもない臨床心理実践に他ならないことを、ヴィヴィッドな事例に基づいて明らかにしてきた。本論では、フロイトは「治す」カウンセリング、ロジャーズは「治る」カウンセリング、そして現在は「生きる」カウンセリングが目指されていることを、先生のカウンセラーとしての豊富な体験を踏まえ、いろいろな事例を通して語ってくださっている。

おしまいの第五講は本学の大塚義孝による。日本臨床心理士資格認定協会の専務理事としての活躍ぶりは、いまさら紹介する必要はないであろう。さらに、わが国におけるソンディ・テストの第一人者であることも、万人の認めるところである。かつ内外の心理学史に対する造詣の深さは、本講においても充分にうかがうことができる。ただし本講では、心理臨床が生理・心理・社会の三つのパラダイムを踏まえながら、それに加えるに「スピリチュアルなパラダイム」の必要性を強調しているところに特色がある。

以上、簡単に各章の内容について触れた。幅広い内容について論じられながら、共通しているのは、人生には数々の苦しみがつきものであり、それにいかに直面するかが、好むと好まざるとにかかわらず全ての人の課題であり、それを助けるのがカウンセラーの仕事だ、ということになろうか。

とまれ、このシリーズの第四集を刊行まで漕ぎつけることができて、肩の荷が少し軽くなった気持である。ひとえに、亡き河合隼雄先生のお力添えの賜物と思っている。深く感謝するとともに、こころからご冥福をお祈りしたい。

なお、新曜社の津田敏之氏には、苦しい出版界の事情にもかかわらず、今回もまたいままでどおりいろいろ力を尽くしていただいた。記して厚くお礼申し上げる。

平成二十一年 三月十日

氏原　寛

もくじ

心理臨床とスピリチュアリティ

大塚 義孝 113

装丁　上野かおる

ナラティブとイメージ

岸本寛史

はじめに

話を聴くということがとても難しいことは、皆さまも、いろいろなところで実感されると思います。私自身感じることですが、たとえば心理療法の場面で相手の話を聞くとき、話を聞きながら、話せない流れをこちらがつくっている場合がしばしばあります。そのことに気付くためには、相手の話を聴きながら、同時に自分が何を言って、そのことに対して相手が何を返しているのか、それを同時に見ていくことができるためのもうひとつの目が必要だと思います。

たとえば『雑談で結構ですので、何でも話してください』と言われると、話すほうは話しにくくなります。そのようなときは『体調はどうですか？』といった、きっかけになるような問いかけが導入としてあればスムーズです。オープンクエスチョンとクローズドクエスチョンという分類があります。オープンクエスチョンとは、答えるほうが自由に自分のことを話せるものです。『どうですか？』『なにか気になるところはありませんか？』というかたちの質問です。一方、クローズドクエスチョンとは、『食欲はありますか？』『眠れますか？』という、イエス・ノーで答える質問です。しかし私は、セミオープン、セミクローズドといった、ちょっと開いた質問とかちょっと閉じた質問から入ったほうが会話はスムーズにいくのではないかと感じています。そのとき、テーマをある程度限定しているという意識をこちら側がもつことが必要かもしれません。きっかけとなることを少し話して、そこで会話が流れはじめてきたら、向こうの流れに沿って聴いていく。

—— 岸本寛史 ——

いちばん最初のとっかかりをつくるにはそれがよいのではないでしょうか。

クライエントのなかには話が溢れてくるような方もいますから、その場合はその話を聴いていけばよいわけですが、会話のきっかけがなかなか見つからない場合、自分のなかに、とっかかりになるような話題を少しもっておくとよいと思います。「どういうとっかかりが、この人にとってはいいか」ということは、考えていたほうがよいでしょう。ちなみに、とっかかりがないと始めにくいのは、絵を描く場合も同じです。

それから、聴いているときに、話の内容を文字どおりにとってしまうと、逆に、話の流れをもつれさせてしまうことがよくあります。たとえば『わたしのことよりも、妻の話を聴いてほしいのです』とクライエントが言われたとします。『奥様の話ですね。いついらっしゃいますか？』と返したならば、この人の意を本当に汲んだことになるでしょうか。なぜ、自分の妻の話を聴いてほしいと言いだすのか？　ほんとうに奥さんと話をしてほしいと思っているのか？　単に、自分の話をひと区切りしたいだけではないか？　など、いろいろな思いがひとつの言葉に込められている可能性があるので、そのあたりをぼやかしながら聴いていかないと、この言葉を通じてクライエントがほんとうは何を言いたいのかがわかりかねることがあります。状況や背景がわからないと、言葉がずれてしまうことがしばしばあって、とても難しいところです。

語りを聴く側の基本姿勢

語り手の思いをそのまま受け取りながら聞きつづけることは、本当に難しいです。病棟でのある患者さんと看護師さんのやりとりを例に挙げてみます。

ある患者さんが『いい話をしたいのですが、全然ありません。なにを食べてもおいしくありません』と言いました。その看護師さんは、この患者さんが昼にゼリーを食べていたことをあらかじめ情報として得ていたので、『ゼリーを食べたそうですね』と返しました。すると『でも、味もよくわからないし……』と言われます。それで看護師さんは『少しでも食べないと、体力もつかないし……』と返したのですが、こんなふうに話していくと、患者さんはだんだん話せなくなっていきます。傍目から見ているとこのことはよくわかるでしょうが、実際に自分が患者さんの話の流れを見ながら会話していくことは、とても難しいです。

この患者さんは「なにを食べてもおいしくないし、いいことはない」と言いたいわけです。聴き手は「なにかいいことを見つけてあげたい」と思って、ゼリーを食べた話をしたり、何か食べないと体力がつかないと話してみたりするのですが、そうやってしまうと話はズレていってしまいます。そうかといって、「なにもいいことはない」という話をずっと聞いているのも、聴き手にとってはものすごくエネルギーが必要で、そこでつい『なにか食べなきゃダメですよ』と言ってしまうのです。

どういうときに自分がこういう言葉を出したくなるのかは、自分の応答のしかたを丁寧に見ていかないとわかりません。だからこそ、最初に述べましたように、一方では患者とやりとりをしながら他方ではそのやりとり自体を見ている、もうひとつの目が必要になるのだと思います。

聴く側に起こってくること

つらい話をずっと聴きつづけるのは難しいことです。聴き手のほうに「自分は何もできない」という無力感が生じます。したがって、語り手だけではなく、聴き手のこころのケアも必要になってきます。

この聞き手の反応にも種類があって、感情が動くだけではなく、身体反応が生じることもあります。たとえば、つらい話をずっと聴いていると、聴き手の頭が痛くなったり、お腹が痛くなったり、吐き気が生じたり、身体のほうが反応してしまう場合です。このようなときは、聴き手のほうが、自分のなかで何が起こっているのかを見ていく必要があります。

私自身、身体で反応するタイプなので、大変でした。最初の頃は、自分自身の身体反応を抑圧しようとしていました。数年ほどそんな時期がありましたが、ロバート・ボスナックという先生に出会って考えかたが変わりました。というのもボスナック先生は、自分のなかに出てきた身体反応を治療的に使っているからです。そういうものは抑えなくていい。むしろ、治療的に使っていくことができる。そういう方向性をボスナック先生から教えてもらいました。

聴く側の変わらない安定した部分

話を聴く「枠組み」も大切です。カウンセリングをしている方にとっては常識かもしれませんが、医者の世界、あるいは教育の世界、つまり、心理療法の明確な枠組みをもたないけれども心理療法的なアプローチをしたいと思っている方々にとっては、「枠組み」は大事なテーマであるし、よく考えておかないといけません。

たとえば私が病棟の患者を診る場合、「週に一回にしか会えない」という枠組みではできません。病状は毎日変わりますし、病状が変わるたびに診察することが必ずあるわけです。そうなると、心理療法的な時間・場所・料金という明確な枠組みをつくることができません。ではそういう「枠組み抜き」でやっていいのかというと、それはそれで難しい問題がまた出てきます。どういうかたちで枠組みをつくるのかは、よくよく考えておく必要があると思います。

枠組みとは「やりとりのなかで変わらない部分」と考えていいと思います。たとえば私の場合、受け持っている入院患者さんを見に行く時間帯をだいたい決めていました。そうして「この時間になると先生が来る」ということが患者さんのなかに入っていくと、それだけでも違います。訪れる時間帯がバラバラになると、患者さんからすれば「先生がいつ来るかわからない」ので、こころが落ち着きません。「夕方になると先生が来る」という感覚をもつだけでも、落ち着かれるところがあります。

それぞれの職種や職場で「枠組み」をどのようにつくるかは、個別の状況で考える必要があると思いますが、要するに「変わらない部分、安定的な部分」をどうやってつくるのか、ということです。ある程度の線引きをしておくと、それを超えたとき、そのことに意識的になれる部分がありますので、やはり何らかの「枠組み」が必要だと思います。

たとえば病院ならば、病院それ自体がひとつの枠組みになります。学校もそうです。これは心理療法における時間・場所・料金といった枠組みとは違いますが、何らかの枠組みになりえるでしょう。そもそもなぜ枠組みが必要なのかというと、それはクライエントを守るためであり、治療者自身を守るためです。何らかのかたちで、クライエントと治療者を守ることが大事であり、そのためにもひとつの枠組み、「線引き」を考えていたほうが良いと思います。

よく起こることとしては、熱心な人ほど、相手の感情や思いがこちらに乗り移ってきますから、無意識的に「線引き」を超えていろいろなことをやりかねません。「自分は熱心だ」と思っておられる方は特に、この点に留意されたほうが良いと思います。

症状の語りに耳を傾ける

次に「症状をどう聴くか」について考えてみたいと思います。

私はいま緩和ケアチームで仕事をしています。症状を和らげることは確かに大切なのですがも、症状緩和が強調されると、話の聴きかたも自ずと影響されてきます。「緩和医療」という言葉が現在のように広く普及する以前、「ターミナルケア」という言葉が使われていました。ターミナルという場合、その先にある「死」と直面することは避けられないテーマとなってきます。

痛みを取り除けばよいのか

「緩和医療」という言葉が使われるようになってから、医学モデルを適用することが可能となりました。医学モデルとは、症状から原因を診断し、原因を除くことで治療をおこなうというものです。病気そのものを治すことはできなくても症状は治療しよう、という方向にシフトしたのです。「原因」は取り除けないけれども「症状」は取り除ける、というわけです。痛みの原因となるがんそのものは除去できないけれども、さまざまな薬を使って、痛みそのものを取り除こうとするわけです。同じように不安も、そのように取り除きます。

つまり、症状を「取り除くべき悪いもの」と位置づけて、症状をぜんぶ取り除くというスタンスで関わることになるのですが、臨床の場面で患者さんの話を聴くと、それほど単純にはいかないと実感します。

緩和医療の世界では、モルヒネをうまく使えばがんの痛みの七〇〜八〇%は取り除けると言われているのですが、私自身の実感では、なかなかうまくいきません。痛みだけに着目すれば、『モルヒネを使って痛みは取れましたね。良かったですね』となるのでしょうが、患者さんの話を聴くと、『痛みを取ってもらって、楽にしてもらったのはありがたいんだけど、痛みが取れたら取れたで大変です。あのことを考えなければいけなくなりましたから……』と言われた方もありました。「あのこと」とは自分の行く末つまり〝死〟のことです。痛いあいだは「あのこと」は考えなくてよかった。ところが痛くなくなってすることがなくなると、「あのこと」ばかりが頭に浮かぶようになり、それはそれで大変だ、というわけです。

このように、症状を取ればそれで解決するかというと、なかなかそういかない面があります。ここが難しいところです。たとえば不登校において、学校に行かないことはひとつの症状ですが、ではその症状を取り除いて学校に行けるようになればいいのか。そういう問題ではないということは、心理療法を実践されている方はよく実感されていると思います。そこが医学のパラダイムとは少し違うところです。

症状の意味を考える

そこで、症状の意味について考える必要が出てきます。これは山中康裕先生の講演の受け売りですが、自閉症を最初に提唱した精神科医のレオ・カナーが、症状には「入場券」「警笛シグナル」「安全弁」「問題解決の手段」「厄介もの」などいろいろな意味がある、ということを述べています。

ある患者さんの息子さんと話していたとき、痛みがどんどん強くなってきて、モルヒネを使いたいのだが、モルヒネとは最終的に使う薬であるというイメージをもっていて、その患者さんはモルヒネという名前を聞いただけで拒否反応を示しました。そう話すと、患者さんの息子さんが「わたしが母を説得します」と。それから数日後、「息子といろいろと話をしまして、モルヒネを使ってみます」ということになり、モルヒネを使うことによって、痛みは楽になりました。

今までは親子のあいだであまり会話がなかったみたいでしたが、それがきっかけとなって、息子さんと母親がよく話すようになったのです。関係が変わったわけです。このケースにおいては、痛みは、患者さんと息子さんのコミュニケーションを変える「入場券」になったといえるでしょう。要するに、痛みそのものをきっかけにして、その背後にあるいろいろな問題が動いていくわけです。もしここですぐにモルヒネを使って症状を取り除いてしまったら、その背後で動いているものは見えなくなります。

症状は「シグナル」や「安全弁」でもあります。野生動物は骨折すると、痛みのため、足を地面につけないまま、じっとしています。そのまま固定をすることで治っていく。あるいは、先天性無痛症という遺伝性疾患があります。痛覚神経が欠如しているため、痛さを感じないのですが、そのために、しばしばケガをします。たとえば釘を踏んでも痛くない。普通ならば痛くて歩けないのですが、それでも歩けてしまうのです。傷が治りにくかったり、一般的には短命だといわれています。このように、症状には守りとして働いているという側面があります。

このように、症状にいろいろな面があることが見えてくれば、簡単に症状を取り除いてしまってよいのか、疑問になってきます。とはいえ、カナーが症状は「厄介もの」だとちゃんと最後に指摘しているように、本人にとって症状は取り除いてしまいたいものでもあります。このことにわれわれが疎かになると、患者さんの苦しみから離れてしまいます。患者さんのいまの大変な状況を一緒に思う必要があると同時に、その背後にはいろいろと複雑なものがあることも認識しながら、かかわっていくことが大事だと思います。

また、症状が和らいできて、外泊や退院が間近なときこそ、要注意です。病状が少し良くなり、改善してきたときこそ、慎重になるべきです。不登校の場合でいえば、不登校のお子さんが学校に行きはじめたときが、本人にとってはいちばん大変なときです。病院であれば、病状が少し良くなって、外泊ができるようになると、周りは「良かったですね」と言ってくれるのですが、本人は不安で一杯だったりします。周りは、本人以上に喜びすぎないことが大事だと思います。本人が喜んでいるときはそれにあわせて喜んでいいのですが、本人が喜ぶまえに喜ばないことです。

医療が症状をつくることも

斎藤清二先生が書かれた『「健康によい」とはどういうことか』〔晶文社、二〇〇五年〕という著書のサブタイトルは「ナラエビ学講座」となっています。ナラティブとエビデンスをかけたものです。ナラバヤシマコトさんとエビハラアイさんという学生が斎藤先生のところをたずねて、三人でナラティブとエビデンスについてやりとりする本であり、とてもわかりやすいものです。

この本のなかに「ライバルを心身症にする方法」というのがあります。まず、訴えの過小評価。相手が訴えることに対して「そんなことは大したことではない」と聞き流すことです。次に、突き放す。相手が相談に来たとき「それは自分の専門ではないので、他に行ってください」と言う。そして、不安をあおる。「腰が痛い」と言ったら「それはガンじゃないのか」と。実際、テレビ番組で健康不安をあおるような内容が放映された翌日の外来で、似たような不安を訴える患者さんが必ず何人かはいます。それから、悲観的な説明をする。「治らないと思います」と。たとえば「歳をとって味覚が変わった」と相談されると、「それは歳のせいだから治りませんよ」とつい言ってしまうのです。さらに生活の過剰な制限。腰痛がするならば、重いものは持ってはいけないとか、歩き過ぎてはいけないとか。最後に、実行不可能なアドバイスをする。この実行不可能なアドバイスとは「気にするな」という言葉です。意識して気にすることはできるのですが、意識して気にしないことはできないのです。「気にしないでください」と言った途端、意識はそちらのほうに向くのです。

なぜ斎藤先生はこういうことを書かれているのかというと、われわれ医療関係者は良かれと思って、患者にこういうことを言っていることが多いからです。それに対する警鐘として、斎藤先生はこのようなことを述べておられるのです。

はたして異常な状態なのか

『治療の聲』という雑誌の第二巻に『災害時のストレスマネジメント』という小冊子が綴じ込み付録されていました。これを読んだとき私は非常に感銘を受けました。ロサンゼルス大地震のあとストレス・マネジメントのために編まれた小冊子です。

災害のあとはいろいろな症状が出てきます。体調の変化はもちろん、精神的にもいろいろな変化が生じます。そのような症状に対する基本姿勢として、このマニュアルには五つの主要概念が挙げられています。

①　**これは万人が起こすものである。**
②　**精神障害ではないと考えよ。**
③　**被害者を分類するな。**
④　**その人のもつ力、プラスの潜在能力を中心として考えよ。**
⑤　**障害は一次災害によるものとは限らないことを忘れるな。**

まずは「そうした症状は万人が起こすものであり、精神障害ではない」と考えて取り組むわけです。次に「分類するな」ということが挙げられています。これは鋭い考えかただと思います。われわれ医療関係者は診断を念頭に関わる必要があるため、つい分類をしてしまいます。うつではないか？　適応障害ではないか？　パーソナリティ・ディスオーダーではないか？　と。しかし、分類をすること自体「疾患」を想定した視線になります。そうではなく、その人が持つプラスの力、潜在能力を考えるべきなのでしょう。最後に「障害は一次災害によるものとは限らない」。これらが災害のメンタルヘルスの主要概念として挙げられています。こうした考えかたは、災害以外にもあらゆるところに使えるものではないかと思います。たとえば、がんを告知されるのは大災害に匹敵するような状況です。がんを告知されて落ち込んでいる人に対して、精神医学にのっとって「抑うつ」を診断するよりは、災害時のストレス・マネージメントの考えかたでお会いしたほうが、より治療的に接することが可能だと思います。

その小冊子では災害時にみられるいろいろな症状を「異常な状況における正常反応」と捉えています。誰かに話したくてしかたなかったり、誰とも話したくなかったり、思考が集中できなかったり、腹が立ったり、眠れなかったり、食欲がなくなったり。これは異常な状態における「正常反応」であり、必ずしも異常なものとはいえない。もちろんなかには専門家の力が必要になる人も出てきます。これについては専門家に相談すべき項目としていくつか挙げられています。日時もわからないくらい混乱しているときは専門家に相談したほうがよいとか。しかし基本的なスタンスとしては、異常な状態における正常反応だとしています。

「これは異常ではないか」と思う場合でも、その人がもつ背景、コンテクストがわかると、違ってきます。大地震のあとだからとわかれば、「こういう状態なのも無理はない」と思えるかもしれません。そういった部分も含めて理解してはじめて、その人の話を汲めるということになると思います。このように、人の話を聴くのはなかなか難しいことです。

ここまでは「語り」について私が考えていることをお話ししてきました。ここからはイメージの話をしてみたいと思います。

イメージからあふれでる語り

私はバウムを描いてもらうことで話の位相が変わることを、しばしば経験してきました。バウムテストとはご承知のとおり、実のなる木の絵を描いてもらうものです。

たとえばあるバウムを描かれた方は白血病の女性で、私がある病院に赴任して最初に出会った人でした。赴任の前日に病院へ行ったところ、看護婦さんに点滴をするように頼まれて、その患者さんのところへ行きました。するとその方は、私を見ずに、腕だけを後ろのほうに出しました。そういう出会いだったので、私も気になり、暇を見つけては話を聴きに行っていました。しかしあまり多くを語られません。そこで一計を案じ、ポケットに忍ばせていた小さなメモ用紙を渡して、小さな実を描いてもらいました。そうしたところ、三、四日後に絵を渡してくれたのです。

『さくらんぼの木ですか?』と尋ねると、『実家にあったんです。子どもの幼稚園にもさくらんぼの木があって、よくなってました。でも大変なんですよ。鳥がやってきてほとんど食べてしまうから。わたしらが食べられるのはほとんどわずか。だから、囲いをしてるんです。二年まえにこの町にやってきてから、なんにもいいことない。子どもは自転車で転んで何針も縫うケガしたし、私も病気になって入院してばかりだし……』。『夜も眠れない』『最近は夢を見るのですか?』『最近は見ない』と言って、涙が溢れてきて『入院したときに怖い夢を見た。お墓がいっぱいあって、自分が拝んでいて……』。

このように、それまでとは違う話が語られはじめました。木の絵をあいだに置くことによって、このような語りが始まったのです。それまでその患者さんとの会話は、身体の症状の話、食欲はどうかとか白血球の数がどうかとかが多かった。ところが木の実の絵を間に挟むことによって、いろいろなかたちで〝語り〟が始まったのです。

コミュニケーション媒体としてのバウム

緩和の病棟で四年ほど勤務していた時期があります。外来で緩和ケア外来初診の方の診察をするとき、緩和の病棟に移っても何とかよい時間を過ごせるようにと思って、お話をいろいろと聴いていました。その際、話を聴くだけではなかなかうまくいかないと思い、ときどき絵を描いてもらっていました。実のなる木を描いてもらうと、幹もなく、樹冠のところに実だけがある絵とか、幹の線が薄く弱々しい木とか、真ん中に縮こまった木とか、ふつう想像するような木の絵とはしばしば違う絵に遭遇しました。とくに緩和の外来でお会いする方の絵は、大変な感じがすごく伝わってきました。

われわれがコミュニケーションをするとき、「この人はどういう人だろう」と想像する際のおもな手がかりは、聴いた話の内容や、そこから伝わってくるものと、表情や服装などの外観です。それに加えて、このような絵があると、言葉や外観とは違った、その人の別のイメージが伝わってきます。このイメージを抱きながらお会いすると、より慎重に配慮できるのではないかと思います。この絵を分析して、「この人はこういう人だ」と判断するのではなく、このイメージをずっと抱きつづけながら会うことが大事ではないでしょうか。

私はそう思っていたのですが、コッホのバウムテストのテキストの第三版で、そういうことが書かれているのを発見して、とてもうれしかったです。コッホはこう書いています、「わからない部分を、何日も、何週でも、何ヵ月でも、ずっと持ちつづけていて、あるときに閃いてくる直観が、とても大事である」と。要するに、イメージをずっと抱きつづけて患者と会うことの大切さを、コッホは説いているのです（その部分は日本語で紹介されていないのが残念なのですが）。

このように、私としてはバウムの絵を心理テストの道具として使うというよりは、コミュニケーションの媒体として使っていきたいと思っています。

深い体験の核からの生じるもの

この絵を描いた患者はメラノーマ、悪性黒色腫でした。普通は皮膚に発症するのですが、この方の場合、初発は眼球でした。大きな病院で眼球摘出手術をおこない、しばらくは良かったのですが、数年後に背骨に再発しました。緩和の外来にいらっしゃったときには、脊椎骨全体に転移がみられ、とても立てる状態ではありませんでした。お会いして半年くらい経った頃、寝た状態のままで描いてもらったのがこの絵です。幹の中に無数の穴がある絵です。その方の背骨が穴だらけで体重を支えられないのと重なって、何とも言えない気持でこの絵を拝見した記憶があります。

おそらく本人は、自分の背骨が穴だらけであることを表現しようと思って、この絵を描いたのではないと思います。山中康裕先生が「無意識的身体心像」という概念を提唱されていますが、患者さんの絵を見ていると、そこに無意識的な身体イメージが現れているのではないかと思うときがあります。本人は身体イメージを意識して描いているのではおそらくないと思いますし、「こういう身体症状があるから、こういう絵を描いた」というような、原因と結果という一対一の論理で説明できるものでもないでしょう。むしろ、そのように理解しないほうが良いのではないでしょうか。

私の考えかたはこうです。自分のなかの「支えとなる根本が蝕まれる」という体験が核にあり、それが身体的に表現されているのが脊椎への転移であり、描画的に表現すると、幹の中が穴だらけになるのではないか。つまり、「背骨が穴だらけだから、こうなった」というのではなく、もっと深いところで「支えが穴だらけ」という体験の核があり、それが身体的に表現されると、脊椎骨に無数の転移が生じて、体重を支えられない。心理的なやりとりで表現されるものとしては、支えられないとか。絵として表現されるものとしては、幹に穴があくとか。このように、核となる何かがあり、いろいろな事象はその表現である。そういうとらえかたのほうがよいと思います。

そのあたりは、きわめて慎重に考えないといけないと思います。

投影の留め金として　鏡として

数年前、糖尿病の患者さんに糖尿病のイメージを描いてもらうという研究発表がありましたが、膵臓が壊れているイメージなどが書かれる程度で、あまりイメージが広がらないようでした。がんの患者さんに「がんのイメージを描いてください」と頼んでも、自分が抱えているテーマとあまりに近すぎるため、取り組みにくいのです。それよりは少し距離があるテーマのほうがいいでしょう。「家を描いてください」「星を描いてください」「川を描いてください」など、何でもいいのですが、距離のあるほうが良いと思います。ではなぜバウムなのかというと、バウム画は立像ですから、人間の立ち姿とすごく似ています。それゆえに、自分の姿を無意識的にそこに表現しやすいという側面があります。

コッホは「投影の留め金」という言葉を使っています。ハンガーを掛けようと思ってもフックがないと掛けられないのと一緒で、自分のことを何か表現しようとしても、引っ掛かるものがないと表現しにくいものです。その意味で、バウム画は「投影の留め金」だという表現がされています。木でなくてもいいと思いますが、「投影の留め金」になるようなテーマがあると良いのではないでしょうか。

また、いちど描くと、描いたものは形になりますから、それが「鏡」になるところがあります。もともとは内臓の病気の治療のために入院していたけれども、入院中にわけがわからなくなり、窓から飛び降りようとして、私のところに紹介されてきた患者さんがいました。最初にバウムを描いてもらったのですが、まったく形になっていないものでした。半年後、少し良くなった頃、こんなことを言われました、「木の絵を描いたけれども、描いてみて、自分でこれではダメだと思いました。こんなヨレヨレの木しか描けないのは、自分の調子がそうとう悪いのだろうと思いました。それでもそのときはそんな木しか思い浮かばなかったのですが、いまは自分でもしっかりとした木が浮かんできて、だいぶ調子が良くなったのだろうと思います」と。

その話を聴いて思ったのは、この方は描くことで自分で気がつかれたということです。「これではダメだ」と。絵を描くことでそれが自分を映し出す「鏡」の役割を果たしてくれる側面があります。言葉にも同じように、やりとりしながら自分で気づく側面がありますが、絵もそうだと思います。バウムを描きながら自分自身で気づいていく人は少なくないのではないでしょうか。私の経験ではそう感じます。

イメージによるコミュニケーション

大阪大学の成田さんが大学の紀要に「バウムとしてのコミュニケーション」というユニークな論文を書かれました。『元気です』と言葉で言われても、バウムの木が弱々しいと、『元気です』という言葉も弱々しく聞こえる。そんな、言葉によるコミュニケーションのメッセージを違う角度から補ってくれるコミュニケーションを、彼は「メタ・コミュニケーション」と呼んでいます。

逆にバウムでのやりとりをメインに考えた場合、言葉のほうがメタ・コミュニケーションとしてはたらく側面があります。これまでは心理テストにおいて、絵だけを切り離して研究の対象としてきましたが、実際には、コミュニケーションとメタ・コミュニケーションは表と裏のように切り離すことはできないのではないでしょうか。心理療法で絵を使う場面、絵だけを切り離して考察するよりは、どのようなやりとりのなかでその絵が描かれたのか。どんなふうに絵が描かれたのか。それを丁寧に見ていく必要があると思います。

たとえば「バウムテストでこのような指標が出てきたので、この人は統合失調症の可能性がある」という議論があるのですが、私はそうした議論はほとんど意味がないと思います。そうではなく、こうした絵がどうして、どのような関係において、あるいはこちら側がどのように頼んで描かれた絵なのか。それらをすべて考慮する必要があるのではないでしょうか。コミュニケーションとメタ・コミュニケーションは表と裏の関係にあり、切り離して考えることはできないため、実証研究的によりは、むしろ事例研究的に、絵を考えていくべきだと思います。

私は絵を、テストとして使っているというよりは、表現やコミュニケーションの媒体として、臨床のなかで位置づけて使ってきました。言葉とイメージの両方を取り入れることで、臨床はより豊かになるのではないかと思います。

パラダイムとしての語り

最後に、本講演のタイトルにも挙げた〝ナラティブ〟について述べておきたいと思います。

〝ナラティブ〟という言葉は、医学はもちろん文学や哲学や心理学で重要なタームとして注目されています。ナラティブには「物語・話の内容」という意味と「語り・行為」という意味の二つがあります。

ものごとには「物語」でしか伝えられない側面があります。医学研究はどうしても量的な研究で、統計的な有意差が出るものを大事にする伝統があるため、「語り」は研究の対象から外れてしまう面がありました。しかし最近、「語り」そのものも研究対象とする流れが医学で起こっています。しかも「語り」には情報をとるという側面だけではなく、語ることそのものに治療的側面があることが認識されるようになりました。そして「対話」を治療の重要な一部と見なすようになってきています。

構成要素としては、語り手と聞き手のふたつがありますが、両者の関係をみていくこと、つなぐことが大事です。物語には、登場人物があり、筋書きや背景がありますが、そうしたことに目を配る必要があります。

語りのまとまりとしての物語

〝ナラティブ〟にはいろいろな定義があります。斎藤先生は『ナラティブ・ベイスト・メディスンの実践』〔金剛出版、二〇〇三年〕のなかで「ある出来事についての記述を何らかの意味のある連関でつなぎあわせたもの、つなぐことで意味づける行為」としておられます。

また、ポール・リクールの『時間と物語』〔新曜社、新装版・二〇〇四年〕にはこう書かれています、「物語の筋は、多様でばらばらな出来事を統握して、ひとつの完全で完結した話に統合し、それによってひとつのまとまった、理解可能な意味を図式化するのである」と。物語には、理解可能な意味を与える側面があるということです。

これは、正しいとか間違っているとかということとは違います。「庭にあったイチジクの木を伐ってから病気が続いています」という話が出たとき、「そんなことは科学的には証明されません」など、正しいか間違っているかという次元で受け止め、議論をしても語り手の気持はおさまりません。むしろ、自分に起こっている白血病という大きな体験を自分のなか収めるために必要な「物語」であると思って聴くほうが、語り手としては「聴いてもらった」という感じを受けるのではないでしょうか。ただし、「それでは、その伐った木のお祓いをしましょう」という話に展開してしまうと、難しいと思います。そういう難しい部分はあるのですが、それでも「物語」は、出来事を自分のなかで意味あるものとして収めるものとして、たいへん重要だと思います。

ナラティブの特性をとらえて

斎藤清二先生が著書のなかでうまくまとめられているので、参考にしながら説明していきましょう。「論理実証モード」と「ナラティブモード」を区別しておくと良いかもしれません。「論理実証モード」とは、その話が正しいか間違っているのかに焦点をあてて聴くやりかたです。これは医療行為をおこなっていくうえである程度必要です。しかしこれだけでは、語り手は自分の流れで語ることはできないので、「ナラティブモード」で聴く必要もあります。

また斎藤先生は「基盤としてのナラティブ」とおっしゃられています。ナラティブには、ものの見かたを自分のなかで知らないうちに縛る側面があります。たとえば「心理テストは実証的基盤をもつべきだ」という物語をもっている人もいれば、「心理テストはやらない」という物語をもっている人もいます。物語には、その人の基盤として作用を及ぼしている側面があります。

〝ナラティブ〟にも、語られる内容、語る行為を指したナラティブもあれば、視点や基盤としてのナラティブもあり、広がりをもった考えかたといえます。

生じていることのとらえかた

〝エビデンス〟についても少しだけ触れておきましょう。

〝エビデンス〟は〝ナラティブ〟と対立するものと考えられていますが、エビデンス・ベイスト・メディスンを提唱してきた人たちは、必ずしもそう考えているわけではありません。むしろ〝ナラティブ〟寄りの考えかたでした。たとえば「高血圧の患者に血圧を下げる薬を投与すると、脳血管障害が予防される」という〝エビデンス〟があるとき、「高血圧の患者が来たら、降圧薬を投与しなければいけない。そういう医療をすることがエビデンス・ベイスト・メディスンだ」と一見、思われがちですし、多くの方がそう思っています。しかしじつはそうではないのです。少なくとも正統派はそう考えていません。

〝エビデンス〟とは、あくまでも統計的な情報であって、臨床をおこなっていくうえで確実な根拠を与えてくれるものではないからです。

たとえば、治療をした結果、百人中八・二人が脳卒中を発症して、治療を行わなかった結果、百人中五・二人が脳卒中を発症した場合、五年間、降圧薬を服用すると、脳卒中は六三％減ります。これは、八・二人が五・二人に減ったわけだから、六三％減ったとも言えるし、治療しないと八・二人が脳卒中になるとも言えるし、治療しても五・二人は脳卒中になるとも言えます。あるいは、治療すれば九四・八％は脳卒中にならないとも言えるし、治療しなくても九一・八％は脳卒中にはならないとも言えます。

これらはすべて同じデータから導き出される結論です。エビデンス・ベイスト・メディスンの正統派の人たちは、このことを患者にどのように返していくのかですごく悩みました。「なにを問題として捉え、エビデンスをどう返したらよいか」で悩むなかで、「語り」が注目されるようになってきたのです。

このことを知らない人たちは、〝エビデンス〟がはっきりしているものを患者に提供するのが、エビデンス・ベイスト・メディスンの考えかただと思っていますが、じつは違います。〝エビデンス〟を考えていけばいくほど、何が正しいのか、どのようにアプローチしていけばいいのかがわからなくなるわけです。

「患者はどう考えているのか、患者にとってどのようにメッセージを返していくのが一番よいのか、それを考えていこう」、これこそがエビデンス・ベイスト・メディスンの考えかたであり、〝ナラティブ〟の考えかたとすごく近いのです。しかしほとんどの方がそう思ってはいません。「エビデンス・ベイスト・メディスンあるいはエビデンス・ベイスト心理療法では、エビデンスがしっかりしなければいけない。それを患者に与えないといけない」と考える人が多いようですが、じつはそうではありません。そのことを強調しておきたいと思います。

物語としての病いを感じとる

斎藤先生と一緒に『ナラティブ・ベイスト・メディスンの実践』〔前掲書〕を書きながら、病いとは「患者の人生という大きな物語のなかで展開するひとつの物語」であると考えるようになりました。病いは物語だと考えるわけです。それぞれの人によって、物語はすべて違います。高血圧という物語はそれほど問題はないと思っている人もいれば、自分の親を高血圧で亡くしているのですごく怖い病気であると思っている人もいます。

その病いをどのような物語としてとらえているのかは、本人に尋ねてみないとわかりません。「血圧がいくら以上は高血圧」という医学的な定義はありますが、それは括弧に入れて、患者の物語に耳を傾けていこうというわけです。治療者が知っている治療法や疾患概念も物語とする。そのうえで両者の物語をすり合わせていく。それがナラティブ・ベイスト・メディスンの考えかたではないかと思っています。これは心理療法でもおそらくそうであろうし、教育の場面でも通じる考えかたではないかと思います。

質疑応答

質問者　最初に会ったときにクライエントと相性が悪いとか、会話があまり弾まないとき、その人との関係を良くしようとこちらが頑張って、より会話をするようにしたらよいのか、それとも他の人と変わってもらうなど関係を変えたほうが良いのか。その点はいかがでしょう？

岸本　相性の問題はあると思います。相性があわないからこそ、一緒にやれる部分もあるでしょうし、相性があっても、同じところを繰り返すだけで先に進まないとか、両方あると思います。

ただ私の場合、医者であり、私が担当している患者さんに会わないわけにはいきません。その意味では分け隔てなく会いますが、自分のなかのスタンスとしては、少し距離を置くとかいうことはあります。それから、自分のなかに「怖さ」があるときには、無理しないほうがよいかもしれません。

私が心療内科で週一回・三〇分の面接をしていた時、ある患者さんと一回目にお会いした折に、私のなかでものすごい疲労感・倦怠感があり、「二回目に会ったら、自分はやっていけないのではないか」と思い、継続するかどうか迷いました。その時は、二回目を一ヵ月後にしました。少し距離を置いたわけです。「今回も前回と同じくらい疲れたらやめようかな」と思っていたのですが、二回目は自分のなかの疲労感は少しましになっていました。「これならば、しばらくは大丈夫かな」と思い、一ヵ月に一度のペースで続けていて、半年くらい経ったとき、話が少し展開するようになり、二週間に一度になりました。一年くらい経ったら、毎週一度になった、というケースがありました。

すべてのケースにおいて自分が力になれるかというと、そうではないと思います。自分の限界もある程度あるでしょう。

ただ、心理療法の場面では、自分があまり力になれないときは、相手のほうから去っていくケースが多いと思います。一概にはいえませんが、自分が壊れない程度に線を引きながらお会いしていくほうが良いと思います。

＊＊＊＊＊＊　　＊＊＊＊＊＊　　＊＊＊＊＊＊

質問者　こちらはコミュニケーションのきっかけとして、「実のある木の絵を描いてください」とお願いしても、クライエントは「これでわたしの何がわかるの？」と、すごく気になるのではないでしょうか。そのために拒否されたり、疑問を呈されたりされたら、どのようにしたら良いのでしょうか。

岸　本　たとえば人物画は、描くときに苦手意識が出るので、拒否される率が高くなると思います。その意味では、バウムは意外に拒否されません。私の経験では拒否されるのは数パーセントです。

ただ、患者さんがあまりにも混乱しすぎて、とてもバウムを描ける状態ではないときには、最初から頼みません。また、バウムを描いてもらう前にやりとりをして、ある程度の関係をつくったうえで頼んでいます。関係ができる前に「描いてください」といきなり頼んでも、やはり難しいでしょう。

その意味では、関係をつくることが重要です。心理療法における面接の枠がある程度しっかりしているうえでの出会いであれば、問題はないと思います。私の場合、最初の二〇分間は患者さん自身が話したいことを話してもらいます。二〇分経ったら、たとえ相手の話の途中でもひと区切り置いて、こちらから質問をしていきます。「いままでに大きな病気をしていませんか」とか、「食欲や睡眠はとれていますか」とか、「家族構成はどうですか」といった周辺から聞いていきながら、関係を作って、「すみませんが、木を描いてもらえませんか」とやると、大概は描いていただけました。

「これで何がわかるのですか」という質問に対しては、自信をもって「わかりません」と答えることが大事です。私自身、「絵を描いたくらいで何がわかるか」と思っていますから、相手に「絵を描いてもらって何かを知るというよりも、私自身がこの絵のイメージをもって、それと重ねながら、あなたのお話を聞きたいのです」と説明するようにしています。疑問の問いかけがあったときには、そう伝えることをよくやっていました。

木といっても、描かれるイメージはすごく多彩です。ぜんぶ違うと言っていいくらいですが、言葉で「木」と言ってしまうと、一緒になってしまいます。木を描く前は「木」という言葉でお互いに何かわかったようになってしまうのですが、実際に描いてもらうとそう簡単ではないことがわかります。「木」ひとつ取っても、それぞれのイメージがズレてしまう可能性があるのだから、言葉のやりとりの場面ではものすごく慎重にしないと、いろいろなところでズレてしまうかもしれない。そのことを相手に伝えるためにやっているとも言えます。言葉のやりとりの難しさを伝えるための題材として、「木」を間に置くということです。

それから私の場合、木を描いてもらった後、木の高さと種類と樹齢を尋ねることが多いです。「この木は高いです」と相手が言ったとき、具体的に何メートルかと聞くと、二〇メートルという人もいれば、四メートルという人もいます。「高い」という言葉だけで相手がもつイメージをそのまま私が理解することは難しいので、いろいろとやりとりしながら、ズレを修復することが大事になるかもしれません。木を間に置いて、そのことを相手に伝えるわけです。このようにすれば、心理テストや判定の道具としてやっているのではないことが、相手にも伝わるのではないかと思います。

やりとりのなかで「この木はどういう意味があるのですか」と聞かれたとき、私が心がけていたのは、記述のレベルにいくつかの種類があるということです。たとえば樹冠に葉っぱがたくさん描かれていたとき、「葉っぱがたくさん描かれていますね」と言うのと、「何かを隠そうとしていますね」と言うのではぜんぜん違います。「葉っぱがたくさん描かれている」というのは、状態をそのまま記述した言葉です。この言葉を返すことで、そこから相手はまた違う連想をすることが可能です。しかし、「何かを隠そうとしていますね」と言うと、こちら側の主観的な判断が入ってきます。相手は飾ろうとして葉っぱを描いたのに、こちらが「隠そうとしていますね」と言ってしまうと、両者の間にズレが生じます。ですから、なるべく中立的なレベルの記述を返すことを心がけられるとよいのではないでしょうか。

生きることと死ぬこと

氏原　寛

はじめに

まず最初に紹介したいのは、東大の内科教授だった大井玄先生の『終末期医療』〔弘文堂、一九八九年〕という本です。この本が出たのは今から二十年くらい前ですが、その頃の我が国の終末期医療の問題点がとりあげられています。

大井玄『終末期医療』

この本によると、日本だけに限らず世界の医療が赫々たる成果をあげたのは、一八五〇年から一九五〇年くらいの百年間で、この間に何が起こったかというと、感染症の撲滅でした。我が国では結核が無くなりました。あるいはコレラやチフスは、海外旅行に行く前に予防注射をしたほうがよい、というくらいなものになりました。その後、エイズやデボラ出血熱といった新種の感染症もあり、今後も新しい感染症が出てきてその治療法が開発されるといういたちごっこは続くでしょうが、先進国では感染症で死ぬことはあまりなくなってきたのが現状です。

それで、そのことがわれわれに何をもたらしたかというと、「時が来ていないのに死ななければいけない」人たちに明日を甦らせたことです。「時がまだ来ていない」とは、若くて元気でまだ死ぬ時でないということです。しかし感染症にかかるとか交通事故や地震などの災害に遭うと、とたんに明日が無くなってしまう。前世紀半ばまでの医療は、その無くなったはずの明日を甦らせることに大きい成果をあげました。したがって人類にとって、医学の進歩は大変な恩恵でした。「医療がもっと発達すれば、どんな病気も治るのではないか」という希望さえ芽生えてきました。

ところが、それにもかかわらず、歳をとることと死ぬことはどんな人にも免れがたいことです。大井先生にいわせると、時がまだ来ていない人に明日がなくなったとき、医療がものすごい恩恵をもたらしたところまでは良かった。ところが二十世紀後半から、それがおかしな迷路にはまり込んでいるのではないか。その迷路が、終末期医療だというのです。大井先生は本のなかで終末期医療の対象を老人としていますが、現在では必ずしもそれだけではありません。がんのような病気は現代医学でもまだ充分に解明されておらず、医者には施す術のないことがあります。こうした病気にかかった人も終末期医療の対象になると思います。

意味のある生を生きる

老人医療がなぜ迷路に入っているのか。老人には「その時」がもう来ています。いくら治療を施してもどうにもならない場合がある。その人に明日を一日生き延びさせることにどれだけの意味があるのか。

そこで大井先生は本のあとがきに、ある一人の老女の話を書いておられます。ある病院に長年の心臓疾患で体がぼろぼろになった老女が入院しました。治療を施すのですが、老女の息子は主治医に対して、「無駄な延命治療はやめてくれ」と言います。それに対して主治医は「生きる可能性がある限り最大限の努力をします」と言うわけです。「お任せします」となったのですが、息子さんがあるとき病院へ老女を訪ねると、酸素マスクをして、輸血や栄養補給のためのパイプがたくさん体に刺さっており、マカロニ人間と呼ばれるような状態でした。酸素マスクをしているから声も出ません。パイプが刺さっているので腕も自由に動きません。それでも動く指を使って、息子の掌に何かを書き示すのです。どうやら字を書いている。掌に意識を集中すると「シ、ナ、セ、テ、オ、ク、レ、」という字を繰り返して書いていたそうです。主治医が一日でも長生きさせようとしているわけですが、そうなるとモルヒネといった鎮痛剤を使うことができない。使うと寿命が縮むそうです。使わないからといって、一年、二年という単位で寿命が延びるのではなく、せいぜい週単位らしい。鎮痛剤を使うとその分、寿命が縮むので、一日でも長生きさせようとするときには、使いません。だから、痛いのです。苦しい。ベッドに縛りつけられています。だからこそ、「死なせておくれ」と訴えるわけです。

その本のあとがきで著者は「実はこの老女とは、私の母親である」と書いています。それを読んで私はびっくりしました。ここから先はわたしの推測ですが、主治医はおそらくは大井先生の弟子でしょう。東大病院に入院して、大井先生のお母さんだから、「生きる望みのある限りは最大限、頑張りましょう」となり、大井先生も反対できず、任せることになったのでしょう。医師でありながら苦しむためだけに生き延びさせた。医師である息子の私が母親をこういう死に目にあわせた。慚愧にたえない。この本は母親に対する鎮魂の意味で書いた、と書かれてあり何とも言えませんでした。

この本にある別のエピソードにも、私は驚かされました。昭和天皇の話です。昭和天皇はがんで倒れて、闘病生活がずいぶん長かった。一月に亡くなりましたが、その前の年の九月のあるテレビでその病状が伝えられました。だから日本国民はほとんど天皇ががんでもう治らないことは知っていたのに、おそらくは昭和天皇だけはご存じなかったのではないか。大井先生のお考えでは、昭和天皇は激動の時代を生きてこられた。もし自分がまもなく亡くなるとわかっていたら、おそらく国民に対して一言いいたいことがあったのではないか。しかし治療だけを行い、治療団は一日でも長く生き延びさせようと頑張りました。主治医はおそらく東大の教授でしょう。東大の内科医であった大井先生はかなりの情報を聞いておられたかもしれません。

その限り昭和天皇は遺言すらできませんでした。自分がまもなく死ぬことを知ったうえで、言い遺したいことは誰にしてもあるのではないでしょうか。もちろん、元気がなくなってそれどころではなくなる人もいるでしょうが、それでも多くの方がそう思うのではないかと思います。大井先生に言わせると、これは一種の人権蹂躙ではなかったか、ということです。自分が死に臨んで、生き残る人たちに何かを言いたいとき、言いたいことを言う権利は誰にでもあるのではないか。死の近さを知らされないことで、その権利を行使できないまま亡くなる。このことは相当大きな問題ではないか、と書かれていました。

ところが大井先生は、今年出た別の本にひとつの文章を書いています。それによると、昭和天皇は自分がまもなく死ぬことを知っておられたそうです。生物学の研究者だったので、自分の身体の状況から自分がまもなく死ぬことを知っていながら、知らないふりをなさっていたらしい。知ったということがわかれば周りが困るだろうから、知っていながら知らないままに死んでいくことを自分の責任で選ばれたのだ、と。これもなかなかの死にかただと思いました。知っているから遺言もできたのに、あえてしないことを選ばれたことに、昭和天皇はご自身の死を生きられたのだと思いました。

これらの例から私が言いたいことは、余命のない人、時がない人に一日を生き延びさせることにどれだけの意味があるのか、ということです。クオリティ・オブ・ライフ、生き甲斐ということが最近いわれています。単に生きるのではなく、意味のある生を生きることが、生きることなのです。ただ生物学的に生き延びることには意味がないのではないでしょうか。淀川キリスト病院の柏木先生が日本で初めてホスピスを病院のシステムとなさいました。「ただ単に生きているのではなく、意味のある生を生きよう。死ぬことに目をすえながら、今を生きよう」というのがホスピスの主旨だといわれています。

柳田邦男『犠牲《サクリファイス》』

しかし、本人の意思に関わらず、身内には生きて欲しいという気持ちがあります。ここが非常に難しいところです。ノンフィクション作家の柳田邦男が『犠牲《サクリファイス》』〔文藝春秋、一九九五年〕という本を書いています。柳田さんの次男はうつ的な病気にかかって、ずいぶんと苦しんでおられました。柳田さんはずっとサポートしてこられたのですが、あるとき、夜の十時ぐらいまで息子さんと二人で喋っていて、それからそれぞれの部屋で就寝したところ、夜中に息子さんが自殺を試みました。柳田さんにすれば、十時まで喋っていながらその気配をまったく感じられず、そのことで柳田さん自身ずいぶんつらい思いがあったようです。朝になって気がつき救急車で病院に運んだところ、一命は取り留めましたが意識は戻りません。ご本人の意思でドナー登録をしていたので、脳死になれば臓器を摘出して提供しなければいけません。

息子さんは脳死になったそうです。私は脳死の方を見たことがないのですが、息子さんは意識はありませんが、血色は変わらないし、心臓も鼓動しているし、息もしているし触れば暖かい。とても死んだとは思えないのです。柳田さんが強調していることは、脳死であろうが何であろうが「われわれにとって、彼は死んでいない」ということです。まだ生きている。心臓が脈打っている。呼吸もしている。肌も血色がある。我々が行けば反応もある。これは死んではいない。

このことを柳田さんは〝二人称の死〟といいました。私とあなたの関係におけるあなたの死です。河合隼雄先生が著作のなかでこういう例をあげられています。目の前で恋人が交通事故で亡くなった。残された恋人は「彼女はなぜ死んだのか」と問いかけます。「この方は出血多量で亡くなりました」というのは科学的には正しいのですが、それは第三者の死、つまり〝三人称の死〟に対するものです。「私にとってのあなた」というのは二人称で、そのあなたの死は〝二人称の死〟であって〝三人称の死〟とはまったく違います。

一人称である自分の死についても、フランスの哲学者であり文学者であるボーヴォワールが「人間は、死ぬことと老いることはその時が来るまで、他人事にしか思えない生き物らしい」と言っています。だから、歳をとるということは、実際に歳をとってみないとわからないのかもしれません。死ぬことも、死ぬことがよほど身近に迫らないとなかなかわからないのかもしれません。

キュブラー＝ロス『死ぬ瞬間』

四十年くらい前に出たベストセラーで『死ぬ瞬間』〔読売新聞社、一九七一年〕という本があります。著者のキュブラー＝ロスはスイス生まれの精神科医で、この本は「臨死」患者の体験をインタビューしたものです。いまは病院にいるけれども生きて退院できない人、病気で治療手段がなくいずれ亡くなる人、現代医療では手がつけられない病気にかかって死が近づいている人、そういう状態の患者にインタビューをしてまとめたのがこの本です。この本を読んで私が一番驚いたのは、こういう死病に取り憑かれた人がいちばん臨んでいるのが「死ぬこと」だと書いてあったことです。死にゆく人間として生き残る人間と関わり合いたい。それが死ぬことだというのです。

見舞いに来る人は「血色が良くなった」とか「春になったら花見に行こう」とか言います。そこで患者が「いや、自分はまもなく死ぬのだ」と言うと、せっかく見舞いに来てくれた人に悪いから、「元気になったら、また行こう」と言わなければいけません。あるいは、見舞い客は「この人はまもなく死ぬ」とわかっていても、患者のほうが知らないと思って言わないで、「元気になったらこうしよう」という、こころにもない話になってしまいます。お互いが結局、本音で話ができないわけです。

死ぬときには病室で独りで終わります。クラーゲスというドイツの哲学者が「死ぬのは人間だけだ」と言っています。動物は自分が死ぬことを知らない。動物は生命プロセスを生きているだけであり、それが止まれば終わる。動物には「終わり」しかない。死ぬのは人間だけだ。「死ぬ」とは何かといえば、「死ぬ」ことを意識しながら今を「生きる」ことである、と。

難病にかかって、まもなく死ぬことを覚悟されている人は、まさに死につつある人間として、生き残る人たちと関わり合いたい。ところが関われない。「死ぬ」ときは、医療器具に囲まれて病室で独りで終わります。肝心の最後の時に、「生きる」ことができないのです。死につつ生きることができないのです。

「死ぬ」ということがあるからこそ、いま「生きている」ということの意味がある。実際問題として、「死んだ人」は一人も生きていません。つまり、「自分が死ぬということを自分で経験した人」は、この世に一人もいません。われわれは死ぬことを体験的に「こうである」とは言えません。要するに、だからわれわれにとって死とは、「自分が死ぬことを知りながら、今を生きること」です。いかにうまく生きるかばかりを考えて、いかにうまく死ぬのかを考えないところに、現代の大きな不安があるのではないでしょうか。モノがこれだけ豊かになっても、われわれが不安なのはそこに理由があるのかもしれません。

キュブラー＝ロスが最初にインタビューした臨死患者は、十六歳の白血病の少女です。その少女にまず「あなたはそんな若いのに、まもなく死ななければいけないとわかったとき、どんな気持ちがしましたか?」と質問しました。これは、誰もが恐れて出来なかった質問です。するとその少女は、さめざめと泣きながら「それこそ、わたしがいちばん尋ねてほしかった質問です」と言いました。それを誰も聞いてくれなかったわけです。そして、自分が十六歳で死ななければいけない無念さを語りました。友だちはデートをしたり勉強したり、将来何をするのか、結婚して子どもを産むとか、いろいろな夢と希望があるのに自分からはそれらが全部シャットアウトされた。少女はその無念さを、いちばん聞いてもらいたかったのです。自分がどんなに悔しい残念な思いをしているのかを、誰も聞いてくれない。しかも、そういうことを言ったら周りの人たちはおそらくがっかりするだろう。だからこそ、よくぞ聞いてくれた、というわけです。

意味のある死を生きる

臨死患者は、まもなく自分が死ぬことがわかっていて、しかも死ねないから、「死にたい」。この人たちにとって「死にたい」とは、自分がまもなく死ぬことを承知したうえで、自分を生きた存在として生き残る人たちと関わり合うことです。昔は家で死ぬのが普通だったので〝二人称の死〟がたくさんありました。いまはそれが医療で囲われています。死ぬか生きるかの手術とか、その後の諸々のことはすべて医者が管理しています。面会謝絶になったら、親子でも会えません。医者は患者を三人称の目で見ます。家族の代わりに、患者は機械に囲まれています。

家族や親しい人たちに囲まれて、自分が死ぬことを知って、自分の思いや悔しさを生きている人に伝える。そういう〝二人称の死〟において、かつては死にゆく人がどれだけ崇高な姿を見せるか、同時に浅ましく見苦しい姿を見せるのかを、われわれは小さい頃、見て育ちました。いまは、とくに子どもにとっては、死んだお祖父《じい》ちゃんやお祖母《ばあ》ちゃんは、化粧をして花に囲まれた姿しか見られません。死に向き合ってどれだけ崇高な存在であるのか、あるいは浅ましい存在であるのか、そうした現実を見ることなく、いわば「きれいごとの死」しか見ることができません。

今から三十年くらい前にアメリカで、カレンさんという二十代の女性が交通事故で植物人間になりました。大学病院に運ばれたのですが、非常に珍しいケースということで、大学の負担でカレンさんの面倒をみることになりました。その状態で何年か経ったわけですが、それが新聞で問題になったのです。カレンさんの生命を維持するのに一年で十万ドルかかったそうです。その費用で無医村に医者を配置できたら、助かる命もあるわけです。そこで「意識が戻るかどうかわからないカレンさんに十万ドルを使うのはもったいない」という声があがりました。議論が続いて、最後には裁判になります。親御さんが「意識が戻るかどうかわからないのだから、生命維持装置を外してもらいたい」と主張し、外したところ、外したからそうなったのか、それとも外す前からその能力を回復していたのかはわかりませんが、なんとカレンさんは自力で呼吸する能力が回復したのです。その後、十年近く生きて亡くなられたのですが、このケースもどう考えるべきか難しいです。

ここでも「人称」による死の違いが問題になっています。同じ死でも、立場によって違ってくるのです。意識がなくなって生きていることに意味がないように思えても、やはり意味があるということもあるのです。たとえば、非常に近しい人が危篤になり病院に駆けつけたところ、「十分前に息を引き取った」と聞かされると悔しいでしょう。仮に十分前に着いても意識がない状態なので、亡くなられた人にとっては、十分前に来ようが十分後に来ようが、一緒です。しかし駆けつけるほうにしてみれば、息がある状態で駆けつけるのと息を引き取ったあとに駆けつけたのでは、たいへんな違いです。「あそこであぁすれば間に合ったのに……」と深い後悔の気持ちが残ります。〝二人称の死〟とはこのように、客観的には意味がないことがとてつもなく大きな意味をもつのです。

それと対照的に、病院での死は〝三人称の死〟です。別な言いかたをすれば、医者は三人称にならないと治療できないらしい。友人の外科医は「身内の手術は一切できない」と言っていました。「これが娘の身体だと思ったら、切れない」というのです。それで同僚に頼むそうです。

神戸淡路大震災

神戸淡路大震災や大阪教育大学附属池田小学校事件のとき、救急隊は優先順位をつけて順番に救助したそうです。助けを求めている人がいるけれども助けるほうの手が充分ではない場合、「この人から助ける」「この人は後回し」と優先順位をつける。これがトリアージュです。もともとは戦場で手当をするときに優先順位をつけたことに由来しています。この場合、手当をすれば戦闘能力が回復する人から助けるのだそうです。

手当をしても銃を持てないような人は後回しです。戦闘能力が回復する人だけを助けて、回復が期待できない人は見捨てる、本来こうした戦争用語です。

神戸淡路大震災の翌日か翌々日のテレビ番組に、病院勤務の医者が出演していました。この医者は宿直明けの朝に震災に遭い、若い医者が一人かけつけてくれた。宿直していた看護師もいた。午前中はあたふたしていたが、午後になったら患者がたくさん運び込まれてきた。自分ともう一人の若い医者、看護師が一人か二人という人手不足に加えて、薬や水なども不足した状態で、五十人ぐらいの手当ならば何とかできるが、三百人の手当はとてもできない状況になった。そこでその医者は自分の判断で、治療すれば助かる人と助からない人を分けて別々の部屋に集めた。助からない人の部屋のなかに助かる人がいるかもしれないから、念のために若い医者にも診てもらい、助かりそうな人だけの治療に専念した。そうした選別をしたことの罪悪感でものすごく苦しかったと、涙を流されていました。その後、眠れなくなったそうです。もっとも、そこで手当てされた方で亡くなられた方もありました。

誰が助けられ誰が見捨てられるのかを決めるのは、本来は神様のすることであり、人間がすることではありません。しかし神戸淡路大震災においては、人間がその選別をしなければいけない状況になったわけです。薬や水、スタッフの人数など医療的な制約があり、全員に等しく対応していたら誰も助けることができない。それならばと助かる可能性のある人だけを助けた。逆にいえば、二百五十人を見捨てたわけです。自分の責任で決めたことだがあまりに大変なことであり、ものすごく苦しくなった。それは、神様がするべき仕事を人間がしたからです。

もう一つ似たような話を聞いたことがあります。乳幼児集中治療室のある病院で、二年以上生き延びた例が世界にもない症状をもった赤ちゃんが生まれました。生命維持装置に入れて命を長らえさせていると、そのうちに赤ちゃんが笑ったりします。すると看護師さんたちもだんだんと可愛くなり、何とか生き延びさせたいと思います。しかし先ほどのトリアージュの話と一緒で、そういう病院には、ベッドが空くのを待つ生命の危うい赤ちゃんがたくさんいるわけです。この子一人に構っているわけにはいかないし、病院の費用も一日何万円もかかります。そうすると、どうするかの判断を担当の医師も含めて皆が逃げるわけです。上へ上へと責任を回します。結局、一番の責任者である副院長が臨床心理士の部屋にやってきて、意見を聞いて参考にするわけでもないのに、「どうしたもんだろう」と言いながら熊のように部屋の中をうろうろしていたそうです。生命維持装置を外せば三十分以内に確実に死ぬ。生命維持装置をつけていれば、とりあえず一日は何とかなるが、どんなに頑張っても二年はもたない。退院させて親に対応させることは不可能です。

だから大変なのです。こういう子どもを生かすかどうかの判断をするのは、神戸の場合と同じく神様の仕事です。神戸淡路大震災のときもこんな新聞記事がありました。崩れた建物の建てかたのほんの小さな違いによって、生まれたばかりの赤ちゃんが亡くなって、七十歳過ぎのお婆ちゃんが助かった。「赤ちゃんに代わってあげたかった」とお婆ちゃんは泣いておられましたが、その気持ちはよくわかります。これは本来、神様が決めることなのですが、医者は、時にはそれをしなければいけません。

河合隼雄先生の話

河合隼雄先生がスイスでマイヤーという教育分析家についておられた頃のケースにこんな話があります。

そのクライエントは「死ぬ、死ぬ」と言って、とうとう自殺をはかります。河合先生はびっくりしてマイヤー先生のところへ行ったところ「おまえに任せると危ないので、次回は自分が会う」と言われました。マイヤー先生が一度会い、その後は河合先生が引き継いでうまくいったのです。マイヤー先生はその男性に会ったとき、何と言ったのでしょう？　自殺未遂をした人が「死ぬ」と言うだけに迫力があるのですが、マイヤー先生はこの男性に「死にたければ死にたまえ。ただし、うちの近所で死なれるとうちの評判が悪くなるから、できるだけ遠くへ行って死んでくれ」と言ったのだそうです。それだけを言って、河合先生に「あとは君がやりたまえ」と引き継がせ、それがうまくいったのです。

カウンセリングで「死にたい」と言ってくる人は時々おられます。一般論でいえば、「死にたい」という言葉は「なんとか助けてくれ。先生が助けてくれないと死ぬよりしょうがない。それくらい苦しいんだ」という表現であり、ＳＯＳのサインです。ただし、「死ぬ、死ぬ」と言う人ほどめったに死なない、とよく言われますが本当に死ぬケースもかなりあるので安易に考えてはいけません。しかし「死ぬ」と言っているから必ず死ぬというわけでもありません。患者がそのとき、どれほど追いつめられているのかを判断するのは、極端にいえばカウンセラーの勘です。

マイヤー先生はその患者と関わって、直観的に感じたものがあったのでしょう。「大丈夫」だ、と。それでも、もしものことが起こったら大変です。「その責任を引き受ける用意はない」などとはなかなか言えません。たとえば日本のある高名な精神科医は、中年うつに限るという制限つきですが、「自分はマイヤーさんのようにはできない」と言っていました。その先生の場合は泣き落としだそうです。「頼むから来週、もういっぺん来てください」と。次の週に来られたら「よく来てくれた。ありがとう」と言って、相手の話を聴いて「また来週、来てください」と。薬を出しながら、これを半年やっていれば治るのだそうです。要は患者を死なせなければいいのであり、やりかたはいろいろあっていいと思います。もっとも大切なのは、「あの人がこういうやりかたで成功したから、自分もそのやりかたで出来る」ということはまずありえない、ということです。

あるとき何人かと一緒に、河合先生のお話をうかがう機会がありました。河合先生は「わたしは最近、クライエントに何もしないことをすることに全力をあげている」と仰言いました。それに付け加えて、「何もしないことをすることと、何もしないことは、見たところほとんど変わらない。しかし、何もしないことをすることは、何かをすることよりも何倍もエネルギーがいる」とも仰言いました。

そしてこういうお話をしてくださいました。これは御自身の事例か他人から聞かれた事例なのかはわかりませんが、自殺に関するものです。「死ぬ、死ぬ」と言うクライエントがいました。あるとき、そのクライエントがやってきて、『死ぬ、死ぬ』と今まで言っていましたが、決心しました。今日、死にます。この面接が終わったら、踏切に飛び込んで死にます。今生の思い出として、踏切の見える角のところまで送ってください」と言ったそうです。この場合、見送らないで面接室に残っているほうが、角まで送るよりも何倍ものエネルギーが必要なことはわかります。

このお話を聞いたとき、その場のわれわれは何も言えませんでした。このお話をしてくださったということは、おそらくその人は死ななかったのでしょう。しかしこれは、そういう場合どんなカウンセラーでもそうすべきであるということではありません。人それぞれです。私だったら踏切のところまで一緒に行くでしょう。面接室にはとてもいられません。角を曲がって踏切を一緒に渡って「来週、また来てください」と言う。それしかありません。そこが河合先生との貫禄の違いです。

ユングにもこういう話があります。ユングはフロイトと喧嘩してほとんど統合失調症と変わらないくらいに落ち込みますが、やっと回復した頃、招かれてイギリスのタヴィストック研究所で一連の講義をおこないました。そのとき話された話です。ユングのところに一人の患者が来ます。貧しい境遇からとても頑張って地位を得た中年の男性です。そしてもうひとつ上の地位を目指したいと言います。そこでユングはその人の夢を聴いて、「それをやったら絶対に失敗するからやめておけ」と言いました。それに対してその人は、「いや、やります」と言って帰り、二度とユングのもとを訪れませんでした。それでどうなったかというと、やはり失敗して苦労して作り上げた地位まで失っていたのです。その講義の折に、このような質問がありました。「ほぼ確実に失敗することを見通しておきながら、なぜ止めることができなかったのか」と。ユングは、もし私が屁理屈をこねて説得すれば止めることができたかもしれない。しかしこれはこの人が自分で選んだ道だから、敢えて止めなかった。私は「死にたい」という人が来ても、止めないことがある、と答えました。それがその人の決めた道と思われるならば、と。

このように、「自殺したい」という患者が来たときには、いろいろな対応のしかたがあります。われわれはカウンセリングでクライエントと対面しますが、対応のしかたとしては、客観的に誰がやっても正しい方法があるのではなく、自分にできる最善のことをするほかありません。先ほどの精神科医ならば泣き落とし、私ならば踏切を一緒に渡って来週の約束をする。先の河合先生の場合ならば見たところ普段の面接の終了時と同じ別れかた、部屋を出たところで「さようなら」だったのでしょう。このことをぜひおわかりいただきたく思います。

タンポポと高校生

今から三十年以上前にNHK第二放送で聞いた、高校生の話を御紹介しましょう。この高校生は入院患者で、その頃はまだ珍しかったのですが、自分が生きて退院できないことを知っていました。この高校生があるとき、病院の庭を散歩していたところ、タンポポが咲いていました。あまり勢いよく咲いているので、ついしゃがみ込んで見つめていると、「いま、このタンポポは生命に輝いている。そしてそのタンポポを見て感動している自分は、まさにいま生きているのだ」と、生きている実感がこみ上げてきたそうです。

もし自分がまもなく死ぬことを知らなかったら、道ばたのタンポポになんて気がつかないだろうし、ましてや、しゃがみ込んで花びらを一枚ずつ眺めることもしないだろう。さらには、自分がいま生きていることをこうもまざまざと感じることはなかっただろう、というのです。そういう話を聞いて私は「高校生でここまで思えるのか」と感じさせられた記憶があります。

最近亡くなられた、岡部伊都子という随筆家に同じような文章があります。この方は結核で二十歳までもたないと思われていました。「わたしは桜の花を毎年『今年が見納め』と思って見てきた。そのおかげで、他の人にはおそらく感じとることができない、桜の深い佇まいを感じとることができたと思う。そして気がついたら六十の坂を過ぎていた」と。今年が最後と思って見る桜は、毎年見るサクラとはかなり違うと思います。先ほどの高校生は、まもなく自分が死ぬと思いながらタンポポを見ましたが、そのなかで「死ぬ」ことはまったく逆の意味合いを持っていました。「まさに自分がいま生きている」と。それは、自分がまもなく死ぬからこそ経験できた喜びです。

その意味で、「死ぬ」ことが目の前に迫ってくるとは、どういうことなのでしょうか。先の十六歳の少女のように、「『あれをやりたい』『これをやりたい』とみんな生き生きしている。それを自分は全部あきらめなければいけない。死ななければいけない」という絶望だけでは、否応なしに腹が立ってきます。キュブラー＝ロスの言いかたでは、〈怒り〉の段階です。これは「なぜ、自分だけこんな目に遭わなければいけないのか」「一人で死ぬのは寂しいから、他の人を道連れにしようか」とか、そういう破壊的な段階です。

次にくるのが〈あきらめ〉、これが見納めという段階です。その一言で有名になったアメリカの死刑囚がいます。死刑執行のとき建物から建物へ移動しました。その折に空を見上げて「空はこんなに青かったのか」と呟いたというのです。その何分か後に死刑が執行されました。それまで空がこんなに青いことに気がつかなかったのです。まもなく死ぬことが目の前に来たとき、完全なあきらめの状態になったとき、ただ生きているだけで素晴らしいと思えることがある。空は青い、桜は美しい、タンポポは生命に輝いている、と。

このように、死ぬことと生きることは裏と表の関係であるような気がしています。ところが、われわれは普段「いかによく生きるか」ばかりを考えていますから、「あいつのほうが自分より金持ちだ」とか「あいつのほうがええ格好をしている」というだけで、空の青さも、桜も、タンポポも目に入りません。

やはりわれわれにとっては「人と関わり合う」ということがとても大切なのではないでしょうか。キュブラー＝ロスの十六歳の少女も、自分が悔しいことを他人に聴いてもらえることで、ずいぶんと救われたのではないでしょうか。聴く側にももちろん相当なエネルギーがいります。そうした局面では「カウンセラーがクライエントの話を聴くことにどれだけの意味を感じているか」こそに、大きな意味があると思います。

最後に似たような話をもう一つ御紹介して終わりたいと思います。

新潟のがん研究所の所長ががんになりました。専門家なのでごまかしがききません。告知する必要もありません。研究所に入院して自分はもう駄目だとわかると、この先生は「もういちど馬に乗りたい」と言い出しました。この人は乗馬が好きで、普段から馬に乗っていたのです。研究所のスタッフは総力をあげて、一日でもこの先生が馬に乗れるだけの体力を回復させようと努めました。そのために、おそらくは本来はとってしてはいけない栄養をとったり鎮痛剤などを多量に投与したのかもしれません。そしてある日、いつも通っていた馬場に連れて行くと、所長は嬉しそうにいつも乗っていた馬に乗りました。五分ほど乗って「もう思い残すことはない」と言って、安らかに亡くなられた、ということです。この馬に乗るために、この先生はおそらくいくばくか寿命を縮められたと思います。

これこそがクオリティ・オブ・ライフ、「生きがい」ということです。植物人間として壮絶な痛みに耐えて単に一日生き延びられるというのではなく、自分らしく「自ら選んだ生を生きる」ことです。それを「自ら選んだ死を死ぬ」と言い換えてもよいでしょう。がん研究所の所長が死ぬ前に馬に乗ること、岡部伊都子さんが桜を見ること、高校生がタンポポを見ること。「自分がまさに生きている」と、それを感じることが、生きていることではないでしょうか。死に目を据えてはじめて生じる生きかただと思います。

繰り返しになりますが、生きることと死ぬことは、表と裏なのです。われわれは「いかにうまく生きるか」に気が向きすぎて、「いかにうまく死ぬか」を見落としがちです。そこに、現代の問題のほとんどが集約できるのかもしれません。

質疑応答

質問者　生きることとは「生命があること」だと思います。ある面では、生きることと死ぬことは矛盾しているのではないでしょうか。「死を意識することで生を大切にする」ということは言えるのですが、生命があることと生命がないことは矛盾しています。そのあたりはどのようにお考えでしょうか。

それから、キュブラー＝ロスは〈受容〉と言いますが、日本ではその受容が〈諦め〉のようになります。そのあたりをどのようにお考えでしょうか。

氏　原　あとの質問からお答えします。キュブラー＝ロスがどう考えていたのかは、私にはよくわかりません。彼女は自分が死に直面した時かなり取り乱したことが知られています。彼女自身は自分について「怒りの状態に長くいた」。いまは諦めと受容のあいだかな」と言っていたそうですが、多くの人たちの期待を裏切りました。一人称の死と三人称の死のギャップが埋められてなかったのかもしれませんね。頭で考えているのと実際に直面することとが食い違っていたのか、と思います。

それから、初めの方の質問に絡めてお答えします。

われわれには意識があります。意識の主体は自我です。自我があるから、問題がややこしいのです。死んだら意識はどうなるのか。動物には意識はありません。おそらく動物は自分が主体であると思っていないでしょう。われわれには「自分が主体であり、主体として客体世界にどう立ち向かうのか」という意識があります。極端にいえば、これが諸悪の根源ではないでしょうか。自我にこだわるとか、我執とか。死ぬという問題も、われわれは客体化して見ます。つまり「わたしたちはいつか死ぬのだ」と客体化できるのです。片や、先ほどクラーゲスの言葉を引用しましたが、動物は自分が死ぬことをたぶん知りません。動物は生命のプロセスが終わるだけです。

だから、われわれは意識的に終わらざるを得ません。それが死ではないでしょうか。「客観的な死」は誰も経験していません。経験した人は皆、あの世に行っています。体験的に「死とはこういうものである」と語れる人はいません。ただし、臨死体験者の報告はありますし、それらの内容には共通点が多いのです。死後の世界があるのかどうかも大きな問題です。

立花隆という人は多くの文献にあたって、死後の世界の存在を裏づける材料をある程度示しています。死語の世界を仮定したほうが説明しやすい現象がたくさんあるということです。いわゆる超常現象に近いことがらになります。ところが、化学的には脳内物質の分泌に若干の変化が起こったとき、ものすごい至福感が感じられるようです。そして、死に瀕したとき、そうした化学的変化（たとえば酸欠状態）が脳に生じている可能性を否定できない、といいます。要するに、死んで生き返った人の語る死後の世界は「脳内物質が意識にもたらすある種の作用」である、と。だから立花隆さんの意見では、死後の世界の有り無しは五分五分です。私にもわかりません。ひょっとしたら、あるかもしれないという気持ちは少しはありますが、たぶんないとも思います。私自身は客観的な死についてはわかりますが、主観的には「いつか終わることを承知しながら今を生きることが死ぬことだ」と思っています。だから生と死を別のものとは思えません。

このごろ私は、「死んだら、あの人に会いたいな」と思う人が何人か出てきました。今まではそんなことを思ったことはありません。これは歳のせいかもしれませんね。お答えになったかどうかわかりませんが、私としてはそう思っています。

******　　******　　******

質問者　ある先生は泣き落としでクライエントに「次も来てください」と対応した。マイヤー先生は「死にたければ死ね」というかたちで向き合われた。河合先生がおっしゃるには、「何もしないことは、何かをすることの何倍ものエネルギーを使う大変なことだ」と。

どうすればセラピストはそこまで耐えることができるのでしょうか。私も全身全霊でクライエントと向き合うことがいかに大変なのかを感じており、真剣に向き合えば向き合うほど、自分自身が疲れてしまうという感覚をもっています。どうすれば河合先生のように、何倍ものエネルギーを使いながら、カウンセリングという仕事を続けていくことができるのでしょうか。

氏　原　そのご質問の答えは、私が聞きたいくらいです。私にはやはり、見送って、一緒に踏切の向こう側に渡って「来週、また来てください」と言うことしかできません。お話ししたように、カウンセラーには客観的に正しい対応はなく、一人ひとりのカウンセラーにとっての最善しかない、と思っていますので。

質問者　次の週も、そのまた次の週も、踏切の向こう側まで送ってあげるのでしょうか?

氏　原　それはわかりません。今度クライエントが来られたら何をしゃべるかを、一週間のうちに考えます。そして腹を決めて頑張ります。

もちろんそれほど簡単には、例に挙げたような先生方の真似はできませんが、こういうやりかたのできいる人がいることは知っておいたほうがよいと思っています。「自分にそれができるわけではない」、それならば「自分にできる最善のことは何か」を常に考えることが大切ではないでしょうか。

このごろ、カウンセリングは才能の問題ではないかと思うようになりました。才能とか直観力とか、何かそういうものがありそうな気がします。これはかなり恥ずかしいのですが、あえて言いますと、最近、河合先生が三十年くらい前に書かれた本を、必要があって読み返しました。そのときに痛感したのは、三十年前に河合先生が達しておられたレベルに、いまの私がまだ達していないということです。一生かかっても——と言ってもあと少ししかありませんが——無理かもしれない、と思いました。悔しかったですが、しかたがありません。

当然われわれは知識や経験の深まりを目指すほかありませんし、三十代よりは六十代のほうが練り上げられるはずだとは思いますが、閃きについては、持って生まれたものではないかと、私は最近、思っています。それでも、私は私なりに頑張るより仕方がありません。どこまで行けるのかはわかりません。開き直りかもしれませんが、そんな気がしています。

＊＊＊＊＊　　＊＊＊＊＊　　＊＊＊＊＊

質問者　「生きることと死ぬことは表裏一体」とのことですが、生きることと死ぬことは直線上にあるような気もします。そこのところをもう少しお聞きしたいのですが。

氏　原　われわれは「今していることが未来に役立つ」と思えば、いまはどれだけ苦しくても、むしろそれが喜びになることもあるわけでしょう。額に汗して働くことは辛いけれども、しかし、三ヵ月後にはお米がたくさんとれると思うからがんばれる。われわれは「今日の意味を、それが明日にどれだけ役に立つのかによって計っている」という考えかたにずっと慣らされています。

しかしそれでは、明日は何のために意味があるのか。明後日のためである。では明後日は何のためか。明々後日のためである。このように、何もかもが「明日のため」となっていくと、最後は結局、「明日のない日」が来るのです。「明日のない日」に、今日の意味を何によって確かめるのでしょう？　そうすると、いまを確かめるしかしかたがなくなります。だから「明日がない」、間もなく死ぬという限定があってはじめて今日つまり今生きていることの意味が見えてくるのではないでしょうか。

キュブラー＝ロスは『エイズ死ぬ瞬間』という本で、エイズ患者のインタビューをたくさんしています。その頃はエイズの症状が出たらおよそ四百日で死ぬ時代でした。ある若者が「エイズになって、ひとつだけ良いことがあった」と言っています。いままで自分のこころのなかに「いつかやらなければならないと思っていながら、とりあえずのこと——これは金や名誉のこと（つまり明日のためのこと）でしょう——をして出来ないことがあった。ところがエイズにかかり、余命一年とわかると、いままで放っておいた、自分のためにいちばん大事なことに気がついた。それが、この病気になって唯一のよいことだった」と。そしてそれは、「やさしさ」「人と睦みあうこと」「人と関わり合うこと」だった。そういう気持ちでエイズの仲間たちと頑張っている。そしてそういうこの一年が今までの二十何年全部より充実している、と。キュブラー＝ロスの報告によれば、こういうことがあったそうです。

このように、われわれには「とりあえずのこと」があります。とりあえず働かなければいけないとか。そのために「本当にやらなければいけないこと」に気がつかないのです。トルストイもそうでした。彼も「とりあえずのこと」をやってきましたが、最後に本質的な問題に関わりました。彼は伯爵であり、大地主であり、金持ちであり、文豪でしたが、最後に、家出をして、田舎の駅で人知れず野垂れ死にしたのです。

「とりあえずのこと」に案外、意味があるように見えてしまうのです。その奥にはもっと大事なものがあるのですが、それを放っておいてしまう。死んだら何も無くなる。それを承知のうえで、今生きていることの意味を創り出すのが、われわれにできる唯一のありようなのかなと思っています。

悲しみと抑うつ

——健やかに生きること

松木邦裕

はじめに

ここでは、悲しみと抑うつがテーマとなります。

日常会話では実際には、悲しみと抑うつはあまり区別なく使われています。私の場合、両者は区別します。抑うつは病的なものであり、悲しみや悲哀は健康なものです。そうした識別のもとでこれから、こころの健康について考えてゆければと思います。

ここに当然、関係してくるのは、なんらかの「挫折」であり「喪失」の体験です。なぜそれらに注目するかというと、人生は挫折や喪失の繰り返しであり、精神分析にしろ、カウンセリングや心理療法にしろ、私たちが面接室で出会うのは、挫折や喪失が関わったこころの重い部分、つらい部分だからです。

いろいろなカウンセリングや心理療法があるので一概にはいえませんが、私が実践している精神分析は、人のこころを軽く、楽に気持よくするものではありません。精神分析を受けに来る方は、精神分析によってこころが楽になる、軽くなることを求めていらっしゃいます。そして何年にもわたる精神分析をを重ねて実際に起こるのは、自分自身の〝こころの重たさ〟の実態を知るとともに、その〝こころの重たさ〟に持ちこたえられるようになり、その重たさを自分で持つようになる、ということです。精神分析とはそうした作業をすることなのです。

言い換えれば、精神分析を体験した結果は、こころを軽くするのではなく、こころの痛みに持ちこたえられるようにすること、あるいは持ちこたえる力を高めることです。私が精神分析をおこなったある抑うつの患者は「気持はずいぶんつらいけれども、なにか肩の荷が軽くなった」という表現をされました。これはけっして「こころがぜんぶ楽になった」という意味ではありません。〝重たいもの〟はあるけれども、自分なりにそれを抱えることを受け入れることができるようになったわけです。

「挫折」や「喪失」、それによる〝こころの重たさ〟にどのように向かいあうかは、私たちの人生そのものに関わることではないかと思います。最近ではいろいろなところで、うつ病や抑うつといったこころの困難が社会的な問題となっていますが、そうした病いのことを考える機会にもなるかもしれません。

先日、野茂投手が大リーグ引退を表明しました。彼は日本人が大リーグに挑戦するきっかけを作った実力と先進性を兼ね備えた人物です。年齢による能力の限界のため大リーグを諦めることになったわけですが、それはいわば「挫折」であり、彼自身が、大リーガーである自分とか、対象である大リーグを失った、「喪失」でもあります。しかし野茂投手がそのためにうつになったという話は聞きませんし、周囲の人たちも、このことで野茂選手がうつになるとはあまり思っていないと思います。これはどうしてでしょうか。「挫折」や「喪失」を体験しているにもかかわらず野茂投手がうつにならないとしたら、そこには何かあるのかもしれません。

皇太子妃の雅子様はどうでしょう。雅子様は皇太子様という地位のある、やさしい男性と結婚し、子どもにも恵まれましたが、適応障害という病名がついていますけれども、抑うつ状態が続いています。一見、雅子様には「挫折」も「喪失」もないように見えるのですが、それにも関わらず、うつ状態がずっと続いています。それは一体どうしてなのか。これは「人間というものはわからないものだ」ということ、「しかし、そこに何かあるかもしれない」ということを、われわれに考えさせる事実でしょう。

こうしたことをふまえたうえで、悲しみと抑うつをじっくりと見つめていきたいと思います。そこでのキーワードは〝対象喪失〟という言葉です。「挫折」は対象喪失の主体的な体験面を表した言葉であり、「喪失」の本態は対象の喪失です。対象喪失を英語ではオブジェクト・ロスと言いますが、これは自分にとって大事なものを失うことを指しています。

この例として、まずは、親や子どもや配偶者を亡くす、失恋や絶交の体験といった、人物という対象の喪失があります。また、仕事や社会的立場といった対象の喪失もあります。さらには、入学試験や資格試験に落ちるといった、自分が求めているものが得られなくなったというものも、対象の喪失のひとつです。加えて、私たち自身のある部分を失うことも対象の喪失です。たとえば足の速かった人がアキレス腱を切って、そうした能力を失うことなどです。年齢のために身体の機能を失うこと、若さを失うこと、無垢な自分を失うこともそうです。

つながることと離れることの味わい

私たちにとって大切なものを失うという〝対象喪失〟が起きたとき、こころはそれに反応します。この健康な反応が悲しみや悲哀であり、哀悼するこころです。この病的な反応が「うつ」であり、うつの反動的産物である「躁状態」です。その病的な反応にはさらに、身体の不調や、場合によっては精神病の状態が起こってくることさえあります。

このように〝対象喪失〟に際して私たちには、さまざまな反応が起きてきます。ただ、その始まりには、対象を失ったことを悲しむというこころの動きが起こります。これは皆さんが大事な身内を亡くされたり、恋人を失ったり、試験に落ちた場合を考えてみればいいでしょう。そうした対象を失ったときに起こるこころの動きは mourning work (「喪の仕事」あるいは「悲哀の作業」)と呼ばれています。これは、喪失の悲しみを味わいつづけることです。「喪の仕事」の過程がうまく体験できないとき、抑うつをはじめとするこころの病的な状態が起こってくるようです。このことには後ほど触れることにしましょう。

私たちの人生は出会いと別れの繰り返しです。いろいろな人と出会い、いろいろな別れを体験します。あるいは獲得と喪失の繰り返しです。いろいろなものを手にし、いろいろなものを失っていきます。または達成と挫折の繰り返しです。いろいろなことを成し遂げ、いろいろな挫折も体験していきます。

感情の言葉で表現するなら、喜びと悲しみをどちらも体験することになります。こころからの視点で見ると、喜びという心地よいものを味わうときと、悲しみや寂しさやつらさという苦しみや痛みを味わうときがあり、その両方を体験します。一般に、出会いとか、結びつきとか、何かを手に入れるといった「つながる」ようなことは、快さをもたらします。別れたり、切れたり、離れたりするといった「失う」ようなことは、痛みをもたらします。生きていくことにおいて私たちは、両方を体験するのです。

苦痛をどう体験できるか

人生においては、心地よい体験が多く苦痛な体験は少ないほうが良いのですが、私たちが生きている以上、必然的に、心地よいものも痛みを感じるものも両方を体験せざるを得ませんし、両方を体験してはじめて人生があるともいえましょう。

心地よいものがもたらすのは、元気であり、幸福感であり、安心であり、こころの安らぎであり、対象への信頼であり、自分自身を認めることであり、自信です。こころの痛みがもたらすのは、悲しみであり、寂しさであり、不安であり、怒り、恨み、罪悪感や羨望や嫉妬、不幸感といった、「こんなものなければいいのに……」といった、取り除きたくなる体験です。

心地よいものは、私たちは比較的うまく体験できます。たいていの人は心地よいものはそのまま味わうことができます。重症のこころの病いを抱えた人は、心地よいものを体験し難く、そこに大きな問題がありますが、たいていの人は心地よいものを体験することが可能です。その一方で難しいのは、こころの痛み、苦痛の感情をどのように生きていくのかという課題です。それが普通の人にとっても、大変な難しさをもっているのです。

この「こころの痛みをどのように生きていくのか」という課題が、その人の人生の質に大きな影響を与えます。フロイトは「人の幸福のかたちはひとつなのに、不幸のかたちはたくさんある」と書いています。これはもともとオーストリアの諺だったと思います。不幸とかこころの痛みにはさまざまな体験のしかたがあり、それが、私たちの人生をどんなものにしてくれるのかに関係してくるということでしょう。

結論めいたことをここで述べるなら、私たちが「〝対象喪失〟の体験をそのままどう悲しむことができるか」がもっとも重要なのです。そのことによって、私たちは、生きていることについてほんとうに味わう機会をもつことができるのです。それによって、私たちの人生の質を高めることもできるのです。

人生とは「喪失」の繰り返しです。たとえばとても幼い頃、乳児のときに離乳というかたちで、私たちの幸福の根源である、お母さんのおっぱいを失います。少し大きくなると、精神分析におけるエディプス体験があります。これは、お母さんと自分の関係が唯一だと思っていたところ、「お母さんには実はお父さんとのつながりが一番にあり、そのうえでしか自分はいない。母親が自分だけの独占物ではない」と気づく体験です。その後、思春期の危機と呼ばれる、たいへん難しい問題があります。ここで独立独自の自分を確立するために、親と対立します。反抗期という言葉がありますが、無垢なこころで慕う親を失う体験があるわけです。中年期には中年期の危機があります。昔は三十歳頃が中年期の危機と呼ばれていましたが、今は年齢が上がり、三十代後半から四十代が該当します。これは、青年のような猪突猛進する心身の若さを失う危機です。自らの死が視野に入りはじめます。さらに歳が上がると、退行期や初老期の危機があります。これは人生における夕暮れの始まりのようなものです。病いをえる、身体生理機能の低下という健康の喪失が際立ちはじめます。五十代後半から六十代にこういう体験が始まることが多いようです。この退行期の危機は女性の方に多いようです。この時期に妄想がかった鬱病のような状態をあらわすことがあります。女性の方には閉経といった身体的な変化が起こるので、こうした退行期を実感しやすいのでしょう。男性は、抑うつについていえば、この時期よりもむしろ中年期において、抑うつが起こりやすくなります。

乳児期に失いながら達成すること

このように私たちは人生の各段階においてさまざまな「喪失」を体験しますが、この喪失をどのように生きていくのかが重要な課題です。

喪失の原体験は、離乳にあります。私たちは生まれてきたとき、母親をはじめ、いろいろな人に世話をされて、心地よい体験をします。その一方、お腹がすいたり、暑かったり寒かったり、体が痛いといった苦痛を体験します。心地よい体験と苦痛な体験を繰り返しながらも、比較的万能的な世界に、生まれて間もない私たちはいます。万能的な世界とは、自分の欲しいものはすぐに手に入るし、自分な嫌なものはすぐに無くなってしまうというものであり、そういう感覚で私たちは赤ん坊の頃を生きています。

しかし、赤ん坊も大きくなるにつれて、母親が常にいるのではなく、いなくなったりすることに気がついてくる段階に入ります。その始まりが、赤ん坊の人見知りです。人見知りをするということは、母親とそれ以外の人を認識して区別することですから、それだけ母親とのつながりがはっきり感じられているということです。

そうした状態が〈抑うつ態勢 *depressive posision*〉という、生後三ヵ月頃から一年半までのこころの形態とはたらきかたの始まりです。この〈抑うつ態勢〉がちょうど一年、離乳前後まで続いて、こころのかたちが出来あがる。それが私たちのこころの基本形であると精神分析では考えています。そしてこの過程での離乳という、母親のおっぱいを永遠《とわ》に失う頂点的状況をどのように体験するか。これが私たちのこころの健康度を基本的に決定するのです。

順当に〈抑うつ態勢〉が進展したとき、ここで達成されるのは、自分のこころへの信頼です。そして自分と他者の分離をもたらします。外の現実を見すえて生きる基盤がここでつくられます。これが〈抑うつ態勢〉を生きるということです。母親との離乳において「安心しながら失うこと」を体験することが、私たちに後に喪失や挫折の体験があったとき、それをどのように生き抜くのかの基本になるところとなります。

ところで〈抑うつ態勢〉という概念において「抑うつ」という病気の言葉が使われています。私たちがそれをうまく生きていけないときには、うつ病などにつながる病気の基盤になるとのことですが、そこを豊かに生きることができたならば、私たちはそこから悲しみの体験、つまり「喪の仕事」「悲哀の作業」を進めていくことができるわけです。

幼少期に戸惑いながら達成すること

赤ん坊の離乳体験を比較的よく体験できると、次は二歳から五歳ぐらいのあいだに「エディプス・コンプレックス」を体験します。これは、父親と母親と子どもという三者関係のかたちです。先ほどの〈抑うつ態勢〉は母親と赤ん坊という二者関係でしたが、その二者関係を健康に体験できたあとに出会うのが、この三者関係です。

三者関係にはどんな意義があるのでしょうか。私たちが社会で生きていくときはおおよそ三者関係にあります。二者関係は非常に限られた関係であり、これが社会に広がっていくには三者関係が必要になっていきます。不登校とか、会社に行けない引きこもりの状態になる人のなかには、この三者関係が非常に難しい方がいます。二者関係では安心してやっていけるけれども、三者関係では難しい。二歳から五歳までのエディプス三角の時期をどのように体験するのかが、その人の社会的な自己の確立につながります。

父親と母親と自分という三角関係の「エディプス」時期では、女の子は父親に愛着し、男の子は母親に愛着するというかたちが基本にあります。そこで、その子のこころのなかに異性の親とのカップルが出来て、もう一人の親の存在が厄介になります。たとえば男の子と母親がカップルになれば、父親が厄介になります。

この三者関係を厄介ではなく良い関係にするにはどうしたらいいのか、それこそが「エディプス」葛藤を通した達成になります。家に引きこもる男性青年によく見られるのは、母親とは非常に密着しているものの父親とは遠いし、父親のほうも子どもとは距離があるケースです。これは「エディプス」期に解決すべきものが解決されないまま、青年期およびそれ以降に持ち越されているものです。

ここにおいて私たちは、異性の親を独占するのではなく、同性の親も含めた三人の関係性を共有する必要があります。これが出来ると、人間関係における客観的な視点がもてるようになります。一対一の関係ならばあまり客観的でなくてもいいわけですし、それは基本的に言葉はいらない関係です。赤ん坊とお母さんの関係をみればわかるように、言葉がなくてもやりとりできるのが一対一の関係です。しかし、三人いたら、言葉がなければそのやりとりはほとんど成り立ちません。この言葉を使った三者関係が「エディプス」の時期には成立します。

ここでは同時に喪失が生じます。それまでは、男の子が将来はお母さんと結婚すると言ってみたり、女の子が将来お父さんと結婚すると言ったりしますが、それは「独占できる」という感覚です。そういった欲望が一度、放棄される必要があります。このように、「社会的自己の確立」には「喪失」が含まれるのです。

もともとの精神分析は、この「エディプス・コンプレックス」の時期がこころの基本をつくると考えていました。今日ではもっと早い時期、生後三ヵ月から一年半までにこころの基礎ができると私たちは考えています。いずれにしても、五歳までの時期にこころがどのようにかたちづくられるのか、が大事なことであることには変わりありません。

乳幼児期にこころの基本ができてからも、思春期や中年期や退行期の危機は起こるのですが、その時期そのものが危機であると同時に、生後の早い時期におけるこころがどのように形成されているのかが、その時期に大きな問題として再浮上してくるのも確かです。

喪失の体験はどう悲しまれるか

喪失体験・悲しみ・悲哀の体験をそれとしてやり通すことが、私たちのこころの成長に大きくつながってきます。

私たちの人生において、楽しいことを楽しむことはとても大事ですが、悲しいことを悲しむこともそれに劣らないくらい大事なことです。悲しいことが悲しめない事態には、そこにこころの難しい問題がありえます。誰かが大事な方を亡くして非常に悲しんでいる姿を見て、私たちはその人を病気だとは思いません。それは当然の気持です。しかし、大事な方が亡くなったにもかかわらず、その人が元気でニコニコしているとしたら、疑問を抱くのではないでしょうか。そのもっともはっきりした病態が、躁病です。これはうつ病の裏返しで、うつになれない状態です。

むかし田宮二郎という俳優がいましたが、彼には躁鬱の病気がありました。躁のときは国際映画をつくるといって、イギリスへ行って大変な借金を作り、その後、うつになって結局は自殺してしまいました。ほんとうの喪の状態に直面できないときに極端な反動として躁の状態が起こります。

喪の悲哀の三つのプロセス

では、喪失にもとづく喪のこころにおける「悲哀の仕事」つまり悲しみの体験を悲しむことが、どんな過程で起こっているのかを見ていきましょう。

まず、対象を失うという〝対象喪失〟が起こったときに、それは始まります。喪失に気づいたとき、私たちはほとんど無感覚の反応をしてしまいます。「茫然自失」といったことが起こるのです。これは事故で大切な身内を失ったり、突然の病気で大事な人を失った事態を思い浮かべるとわかりやすいでしょう。失ったことが実感できない。その事態がこころのなかに入っていかない。「無感覚」の状態から〝対象喪失〟の喪の過程は始まります。誰かが亡くなったという連絡が入り、「信じられない」と思う。その段階から始まるのです。

その次には、大事な人や何かを失ったということを否認・拒絶する気持と、それを認める気持との揺れが起こります。この時期は、一方でとても悲しい気持になるかと思えば、他方ではふさいで不機嫌になったり、イライラして怒りっぽくなったり、逆に、快活な様子を見せたりします。「悲しみ」と「不機嫌や怒り」との揺れが生じます。人によっては、〝対象喪失〟に気がつきはじめたとき、「自分が拒絶された」という感情を抱くことがあります。たとえば大事な身内が亡くなったときに、自分がなにか「見捨てられた」ような気持、「放り出された」ような気持を体験することもあります。

そして第三の段階に入ります。対象を失ったことを受け容れて、あきらめの気持が起こる段階です。この段階で mourning work（「喪の仕事」あるいは「悲哀の作業」）がより為されていくことになります。〝対象喪失〟を受け入れはじめる気持、「大事なものを失った」あるいは「為し遂げられなかった」という挫折の感覚を受け入れることが始まると、悲哀・絶望・無力・孤独・失意といった思いが湧いてきますし、悔いや罪悪感が起こってきます。失ったものを恋い焦がれるような気持も起こってきます。大事な対象を失ったということの受け容れが、私たちに非常に重い気持、こころの痛みを抱かせるわけです。それは、絶望であり、無力であり、悔いであり、罪悪感です。

悲しみに持ちこたえられない場合

この気持を味わいつづけることができることが、「悲しみをやり通す」ということなのです。この悲しみを持ちつづけてやり通すということは、できるようでなかなか難しいものです。この悲しみを切り上げてしまって、「すっかり忘れたい」「それよりも楽しいことで消してしまいたい」、そういう気持の動きが起こってきたりします。

悲しみに持ちこたえられないで、快楽に切り替えてしまうことを、もっとも見えやすいかたちであらわしているのが、アルコール依存症や薬物依存症の人たちです。この人たちは内側にもっている重たい気持、絶望感や無力感や罪悪感の感情を、酒や薬といった、気持を楽にしてくれるもので見えなくしてしまうわけです。快楽を上乗せすることで、こころの痛みに触れないようにするのです。酒や薬が効いているあいだは心地よく過ごせます。しかし、これらは時間が経つと切れてしまいますから、重い痛みがまた戻ってきます。そのこころの痛みをまた消さないといけませんから、そのためにまた酒や薬に浸るのです。こうして嗜癖・依存が引き起こされます。

こうしたこころの重い痛み、喪失感や絶望感や無力感や罪悪感に持ちこたえられないために、酒や薬への依存が起きるわけですが、それだけではありません。摂食障害になる方は、極端に痩せておくことで、「自分の身体は素晴らしい」「自分はこんなことができるのだ」といった、自分の痩せた身体を作れる自分が万能的であると思い込みます。それが快感です。そうして自分のこころの痛み、行き詰まったり失ったりすることをうち消すために、あのように痩せつづけようとするのです。

この病気の方も、喪失の悲哀を打ち消すために、痩せを常時つくりださなければいけません。たとえば最初は体重四五キロぐらいで、周囲から「きれいになったね」と言われると、周りに評価されたという快感から、その身体の状態を維持しようとしますが、やがてその快感の再獲得と維持を求めて、どんどんエスカレートして痩せようとしていきます。本人はそれで気持よいのですが、周りが心配をして治療を受け始める（あるいは、爽快感を伴う安心感を確保するためにどんどん痩せていったにも関わらず、身体のほうが拒絶して、たくさん食べるようになる）と、痩せるというかたちで確保していた「自分の万能的な素晴らしさ」が消えてしまうため、過食をするたびにたいへん落ち込む状態になってしまいます。そのあたりの妥協点をつくるために、吐くことをする人たちも出てきます。このように摂食障害も、ある時期に生じる〝対象喪失〟における「悲哀・悲しみの過程」の作業を続けられないことによって起こってしまうのです。

失うことによって得るもの

もし私たちが、喪失によって起こる「絶望感」や「悲哀感」や「罪悪感」に持ちこたえることができたならば、私たちはひとつ学ぶことになります。そこで何を学んでいるのでしょうか。それは「私たちが生きている」ということを学んでいるのです。

喪失は、部分的な死に近いものです。私たちが大事な対象を喪失したときには、死んでしまいたい気持になります。周りに対する関心がなくなってしまい、外のものはモノトーンにしか見えなくなり、そして「死んだほうが楽なんじゃないか」と、私たちは〝対象喪失〟を体験したとき思います。

しかし私たちは「大事なつながり」とか「なにか持っている大切なもの」を意識することで、「死んでしまいたい」という気持をなんとか、生き延びるほうへ向けていくことができるのだと思います。私たちが〝対象喪失〟を体験して「悲しむ」ということは、私たちが「生きていることの貴重さ」を実感する大切な機会なのです。それをしみじみと知ることになります。「親が死んではじめて、親のありがたみを知る」という言葉がありますが、親のありがたみだけではなく、自分が生きていること、あるいは自分が生かされていることのありがたみを知るのです。

持っているときにはあたりまえに感じて気がつかないことを、失うことによってはじめて気づくのです。失うこと、戻ってこないこと、ある種の死に近いことを体験することで、逆に私たちは、いま生きていることをきちんと認識することができるのです。親や配偶者や大事な人物を失って、悲しみに浸ったなかに、生きている存在をもう一度発見することができるのです。私たちは大事な人たちを実際に失ったりしますが、自分のこころのなかに父親や母親や配偶者といった失った人たち、あるいは失恋といったことも含めて、失った人たちとのつながりを甦らせたり、大事にすることができるのです。

皆さんにもご経験があるでしょうが、いろいろな喪失や挫折において「悲しみ」「絶望」を体験していると、それはどこかで底をつきます。自分も死んでしまいたいし、世の中も死んだように感じつづけてきたのが、ある時から変わりはじめていくのです。「底尽き」が起きてくると、そこから「生きている感覚」が味われはじめます。この感覚に行き着くことができれば、「生きていることの貴重さ」を知ることができるわけです。あるいは、生きている周りの人たちの貴重さを知ることができるようになります。こうして周りの人たちへの感謝や思いやりの気持が湧いてくるのです。

悲しみの只中から生まれるもの

「思いやり」というのは、私たちが体験した喪失や挫折の「悲しみ」をふまえて、周りの人たちがそういうつらく悲しい体験をしなくてすむように、あらかじめ心配りをすることです。自分自身が身をもって「悲しみ」の体験をしたことを周りの人たちに生かせるのが「思いやり」です。私たちの体験を生かしてはじめて出来ることです。標語などによく「思いやりを持ちましょう」とありますが、ほんとうの思いやりは、みずからの「悲しみ」を味わいきらないとその人には生まれてこないものです。けっして頭の中だけでできるものではありません。自分がつらく痛い思いをしたことを味わって、「そういう思いは他の人にさせたくない」と配慮することが、思いやりです。ほんとうの「感謝」も、悲しみの体験やこころの痛みを味わうことによって生まれるものです。

無い体験を経て熟成されるこころ

私たちが対象を失ったと認めることとは、あったものが無いと、あるはずのものが無いと体験することです。

この「無い」という体験をできるということが、非常に大切です。

大切なものが無いという体験をしたとき、「無い」ということの感情を味わい、「無い」ということが何なのかを考えるのです。大事な対象を失うということが、私たちが「ほんとうの意味で考える」ということを促進させてくれます。それによって私たちは、〝こころの熟成〟を進めていくことができるわけです。私たちの挫折や喪失はたいへんつらいことですが、こころの痛みを避けずに、悲しみや無力感や挫折感を避けないでもちこたえることは、私たちのこころをより豊かなものにしてくれる、ということをしっかりと知っておく必要があると思います。

野茂投手が大リーグを断念してもうつにならないのは、彼はそれ以前にいろいろな挫折や断念を体験していたからだと思います。そのなかで彼は失ったものをこころのなかでじっくりと味わう作業をしていきながら、次のステップへ進んでいった。その積み重ねがあるような気がします。

このように〝対象喪失〟の「悲哀の作業」を成し遂げていくことによってこそ、私たちは「思いやり」のこころをもつことができるようになります。他人の悲しみやつらさがほんとうにわかるようになっていくのです。「自分がそういうつらく苦しい思いをしたように、この人もいまそう感じているのだ」と気配りできるようになるのです。

健康な罪悪感をもつということ

私たちが悲しみの体験をやり通すことができたならば、「健康な罪悪感」をもつことができます。自分がやろうとしていることは、たとえ良かれと思ってやっても、周りにとっては害になることがあります。「自分のやることは、良いことになるかもしれないけれども、害になるかもしれない」、そのことをよりはっきりと認識できるようになるわけです。つまり「自分の責任にもとづいた感情としての罪悪感」をもつようになります。

飲酒運転を例に挙げましょう。自分が飲酒運転をしないのは、警察に捕まって罰金を払わなければいけないとか、刑務所に入らなければいけないとか、仕事を失うからだとか、そのように思っているならば、それは（社会によって）押し着せられた罪悪感であり、自分のなかから出てきた罪悪感ではありません。懲罰を受けないようにしようというものであり、自分のなかから湧き出た罪悪感ではありません。もし、飲酒運転をしても懲罰を受けない国に行ったとしたら、懲罰を受けないために飲酒運転をしない人ならば、飲酒運転をするでしょう。しかし、自分のなかから湧き出た罪悪感をもっている人ならば、「飲酒することで自分の判断力が鈍くなり、事故を起こして、自分や他の人たちに迷惑をかけるかもしれないから、自分は飲酒運転はしない」と判断するでしょう。それが「健康な罪悪感」だと思うのです。こうした「健康な罪悪感」も、悲しみの体験を経てはじめて得られるものです。

万能感を放棄するということ

悲しみをやり通すことで手に入れることができるもうひとつのものは、「万能感・全能感の放棄」です。つまり、物事には喪失があり挫折があるというように、自分にも限界があることをありのままに受け入れることです。

先ほどの摂食障害の女性は、全能感や万能感が放棄できないのです。過食になって吐くことでも痩せることを維持しようとするのです。引きこもりなど自己愛的なパーソナリティの人たちもそうです。引きこもっていると、（実は親が作りあげ保護している）自分の家や部屋のなかという世界では、テレビやパソコンで情報も多く入ってくるし、いろいろなものが供給され満たされます。そこにいる限りは万能です。ところが一歩外へ出ていくと、自分の力のなさを思い知らされます。外へ出ると、自分と同じくらいの年齢の人たちが一生懸命に働いていていたり仲良く元気そうに過ごしている、という事実に直面せざるを得ません。それに耐えられない彼らは引きこもって、この閉ざされた自分の世界をより万能的なものにしようとするのです。

こうなると、自己愛的な万能世界を維持するために、母親を自分の手足のように思いどおりに動かそうとする振舞いがエスカレートしますし、それでもそれが維持できないと、家庭内暴力が始まります。衝動的な犯罪行為さえ起こしてしまいます。もはや万能ではないとわかっていながら、最後にもう一度、万能感を味わおうとすることが、衝動殺人になってしまうことがあるのです。先日、秋葉原で起きた衝動的な事件を見てもわかるとおり、かれらには周りの人たちの悲しみが見えません。殺される人にしろ、自分自身の周りの人にしろ、そういう人たちを思いやることができません。

現代は、こういう事件が起こりうる時代になりましたが、それだけ、万能感・全能感が、歪んだかたちで維持しようと思えば維持できる社会になっているのです。そのような時代にあっても――否そのような時代だからこそ――悲しみを悲しみとして受け容れることが、万能感を放棄して、限界やありのままを受け容れる私たちをつくってくれることとして重要なのです。

私たちが全能感や万能感を放棄すると、この喪失によって自分の失敗や経験から学ぶことができるようになります。学ぶ能力が向上します。人生において大事なことは、失敗から学ぶことです。自分の挫折経験から学ぶことだと思います。精神分析に「反復強迫」という言葉がありますが、この反復強迫とは、人生において同じことを繰り返しやってしまうことです。同じ失敗や行き詰まりを繰り返しやってしまうことです。これは経験から学べないという事態です。

カウンセリングのなかで、人間関係で同じような失敗を繰り返す人に出会われると思います。こういう方は「なぜ失敗したのか」という視点から自分の問題を見つづけることができないのです。いつも外の問題にしてしまいます。誰かが悪かったり、外の何かが悪いと考えます。外の問題にするということは、自分の万能感を保っているということです。あるいは、自分を無傷に保っているということです。外の問題にしてしまうと、その人は学べません。問題を「みずからの問題」にしないと、その人は学ぶことができないのです。喪失の悲しみを味わい万能感を放棄することによって私たちは、失敗や経験から学ぶことができるようになるのです。

また、万能感を放棄すると私たちは、「他人に頼る」ということが出来やすくなります。自分自身の頼れる部分やこの限界もわかりますし、他人の良さもわかって、他人に頼ることができるようになります。「自分は何でも出来る」と思っている人は、他人に頼れないため、他人と分かち合うことが難しくなります。分かち合うことが難しくなると、それを他人のせいにしたくなりますから、自分の問題が見えなくなります。こういう悪循環が起こってきます。けれども、私たちが自分の限界を知って、ありのままを受け入れるようになると、他人の限界もわかりますが、他人の良さもわかります。こうしたことを通じて、私たちは自分や他人を頼って、信頼して、時には依存することができるようになります。

私が精神分析をしているクライエントに、こういう人がいます。小さい頃からお母さんとの関係がうまくいかなくて、甘えることができなかった人です。それで私とのあいだでも甘えることがたいへん難しいのです。私に甘えるまえに、私から拒絶される恐れが強く現れて、何でも自分でやれるという態度をすぐにとってしまうのです。私との分析においても、私をうまく使うことができなくて、自分で答えを出してしまいます。その答えで満足できるかのように振舞います。そうしていながら、実際にはうまくいかなくなって、また問題を抱えて、私と話し合う。その繰り返しになってしまうのです。自分の良さ・他者の良さへの信頼ができないことで起きてしまっています。

以上のように、「周囲への思いやりや気配り」「健康な罪悪感」「万能感の放棄」「失敗や経験から学ぶ能力を高めること」「自分や他者の良さに信頼できること」——こうしたことが、悲しみを悲しむ体験から育まれてきます。

こころに悲しみを置いておく

私たちの人生では、いろいろと喪失したり、挫折したり、辛く苦しいことがありますが、まさにそれをどう生きていくのかによって、私たちが自分たちの人生を「どこまで現実をふまえてこころ豊かなものにすることができるのか」がかかってきます。すなわち、人生の質が左右されるのです。

では病的なうつはどうして起こるのでしょうか。病的なうつという事象では、対象喪失に始まる喪の過程での悲哀の仕事が未完成になっています。喪失の悲哀を悲しむことが成し遂げられないことが起こってきます。つまり、私たちのこころに悲しみを置いておくこと、無力感や絶望感や罪悪感を置いておくことがその過程の途中でできなくなってしまった状態が、抑うつという状態になっていくものと思われます。

外に出したものを再び押し込まれて

私たちはこころに悲しみを置いておけなくなると、悲しみというものを自分のこころから出してしまいます。つまり「こころには無いもの」にしてしまうのです。悲しみにまつわる考えや感情を自分のなかでは消してしまうのです。けれどもそれは私たちがいわば万能空想的にすることですから、悲しい気持は（必然的に）どこからともなく、私たちのこころのなかに甦ってきます。ただ、それは自分のこころから一度、排泄していますから、甦り戻ってきたときには「こころの痛みや悲しみが、強いられ押しつけられているような体験」になっています。「悲しみや絶望感が、押し込まれているような体験」になります。それが抑うつという感情になってくるのです。ですから、悲しみを自分のこころから排泄するやりかたを続けているのなら、この抑うつの経験はずっと続くことになります。

別な表現で言い換えれば、対象喪失の喪の悲しみ、絶望感・無力感・罪悪感という感情を、私たちが「被害的に体験している」こころの状態です。それが抑うつという状態なのです。抑うつを経験している人の一部の方が語るところには、たとえば「親が悪いから、わたしは抑うつに苦しんでいる」「教師が悪いから、わたしは抑うつに苦しんでいる」「周りが悪いから、わたしは抑うつに苦しんでいる」といった、抑うつが外から押しつけられているものとしてはっきり表現されていることがあります。

こういう人たちにおいて明瞭なのは、うつという「もともと自分がもたなくていいもの」を「外から強いられている、押し込まれている」という体験のしかたです。

ところで、精神科の病院に入院しなければいけないような重症のうつ病の方は、自分自身を責めます。「わたしがダメだからいけないのだ」「わたしがぜんぶ悪いのだ」と。この人たちは、他人を責めているのではなく、自分を責めています。ところが、そういう人たちの話をよく聞くと、自分を責めていると同時に、「自分をそういうふうにしている、非常に親密な誰か」も一緒に責めているのです。

私が病院の精神科医として働いていたとき、躁とうつを繰り返す初老の女性がいました。この方は頑固な旦那さんと結婚していましたが、うつになると自分を激しく責めます。「わたしが悪いから家族みんなに迷惑をかける」と。しかし、躁になると、夫がいかに自分を虐げてきたのかを力一杯うったえるのです。若い頃からこんな目に遭ったと、たくさん並べたてて非難します。この人のうつの本質は、自分を責めながら内心一緒に夫も責めていたところにあるのです。自他の区別がはっきりしなくなったこころの状態が起こっているため、一見、自分を責めているようだけれども、じつは他者を責めているのです。やはりそこには、ある種の「被害感」が入っているのです。

このように、私たちが悲しみを自らのものとして悲しむことが出来つづけるというのは、難しいことなのです。この難しさから、ある種の逸脱に向かうと、抑うつという病気の状態に入っていきます。ただ、重いうつの人と、健康なこころの部分が働いているけれどもうつになってしまう人では、起こりかたがある程度、違っているのも確かです。

三種のうつ病

病気のうつには、簡単にいえば三種類あります。

第一は精神病性のうつ病です。これは脳のはたらきに問題があって起こるもので、妄想を伴います。この場合の妄想は基本的に〈卑小妄想〉、「自分にかかわるすべてのものがひどくつまらないものでダメだ」という妄想です。もしくは〈罪業妄想〉、「自分に罪がある」という妄想、どこかで地震が起きるとそれは自分のせいだというように「世の中の悪いことはすべて自分のせいだ」という妄想です。あるいは〈貧困妄想〉、「もうすぐ銀行がやってきて、自分の家を差し押さえてしまう。自分のお金は一銭もなくなってしまう」といったものです。それから、「自分はうつでダメで、苦しんだまま死ぬに死ねない。苦しみのなかで生きつづけるしかない」といった〈不死妄想〉もあります。昏迷状態については、統合失調症の人が強い緊張をともなって硬直したようになってしまうのがよく知られていますが、精神病性のうつ病における昏迷状態は、枯れ木みたいにエネルギーがなくなって動けないと感じさせる様態です。この精神病性のうつ病は、脳の生科学の病変と考えざるを得ず、抑うつ状態のなかでも少ないものです。

第二は「躁うつ病」、あるいは躁をともなわない場合に「内因性うつ病」と呼ばれるものです。これも原因がはっきりしませんが、脳生科学の病変であり、周期的にうつや躁を繰り返す病気です。すなわち目立った誘因はないにもかかわらず、うつに入ります。

これら第一と第二のうつ病の場合、精神医学的な薬物治療が必要となります。しかし第三の、そうではないうつ病が今日たいへん多いのです。これは、その人のパーソナリティや生きかたが大きくかかわっているうつ状態です。そして、カウンセリングや心理療法というかたちで、自分のこころを見ていくことで、回復することを目指す必要のあるうつ病です。ちなみに、うつ病にはこのように主に三種類あるのですが、現在の精神医学は非常に混乱しており、この識別ができない事態にあります。

薬はどう効くのか

ところで現在、うつ病にはいろいろな薬がありますが、薬を処方するには、その薬がどれだけの作用と副作用を持っているのかをチェックしなければいけません。それはまず動物で試みます。うつ病の動物モデルをつくって、それに薬を投与して、うつ状態が改善するのかを見なければいけません。

うつ病の動物モデルをどうやってつくるかというと、水槽にネズミを泳がせるのです。溺れないようにネズミは懸命に泳ぎます。けれどもだんだんとネズミに泳ぐ力がなくなってきます。これを、うつのモデルにするのです。そこで薬を投与してその回復具合から薬の効果をみるのです。そこにおいては、これまでお伝えしてきたようなこころについての視点はまったく入っていません。それはうつなのか、悲しみなのか、区別されないモデルです。突然プールに投げ込まれたら、とにかく泳ぐしかないし、それはうつというよりも外傷状況であり、挫折や喪失に近い状態だと思います。

だから、この薬物開発のためのうつ病の動物モデルは、本来的なうつ病をとらえたものではないと私は思います。こうして開発された薬が人間のうつ病というターゲットに合わないということは当然起こるわけです。実際、新しい抗うつ薬がありますが、明らかな効果を出すのは今日では五、六割の人であって、残りの人、私の言う「第三のうつ病」の人たちには薬はあまり効きません。なぜなら、それが精神病性のうつ病や内因性のうつ病ではない、その人の生きかたが社会とうまく折り合いがつかないことによる、うつ状態だからです。こころの発達において「悲哀の作業」がうまく為し遂げられなかった人が、難しい問題に出会ったことで起こるうつだからだと、私は思います。

今日は薬での治療が優先されていますが、私はこれらのうつの人こそ、心理療法やカウンセリングで人生を見直したり、自分自身を見直したりして、自分のこころのありかた、関係のもちかたを振り返りながら、生きかたをじっくりと検討してみる作業をするのが大事だと思います。

悲しみを悲しむことの大切さ

前節でふれたように、私は《第三のうつ病》ということで、脳生化学の異常という生物としての私たちの脳病変によるうつ病ではないうつ病を考えています。つまりそれは、第一・第二のうつ病とは違う「こころの病気としてのうつ病」のことです。

このうつ病、抑うつが、実は本論の主題《テーマ》である「悲しみを悲しめないために体験されているうつ病」なのです。対象喪失の喪の悲しみをそのままこころに置いておけないために起こってくる、こころの重さ、苦しさなのです。

《第三のうつ病》の特徴

《第三のうつ病》の特徴のひとつに、抑うつ感といわれる「うつの重たい気持」がたやすく出没することがあります。それまで元気そうに見えていたり普段と変わりない様子に見えていたのに、急に抑うつに陥ります。あるいはその反対に、抑うつからの回復も、いささか唐突に元気な様子を見せます。このように一日のあいだや一週間のあいだにけっこう気分が変動します。このような抑うつ気分の変わりやすさは、最初の二つのうつ病にはありません。

もうひとつの特徴を示しましょう。とくに午前中が気持も身体もひどく重いのが夕方頃になるといくらか和らいでくるという抑うつ気分の日内変動が、最初の二つのうつ病の特徴ですが、この《第三のうつ病》には、そうした一定の変動が見られないことが多いのです。むしろ、夕方や夜になると余計に具合が悪くなる人も少なくありません。

次に、《第三のうつ病》では「不安」や「むなしさ」を感じやすく、なにかと傷つきやすいのも特徴です。とくに周りの人との交流での傷ついてしまうことがしばしば、人によっては頻繁に、起こってしまいます。それは、自己憐憫になってしまいやすいのです。

その傷つきやすさと関連しますが、人間関係で被害的になりやすいのも特徴です。人とのつながりや体験が、良いものとして肯定的にとられるよりも、「苦しめられたり責められたり、押しつけられたり排除されたりするという、不幸で不遇なもの」という視点から受け取られやすいのです。

最後に挙げられる特徴として、このタイプのうつ病には行為での問題が併せてみられやすいことがあります。「自傷」や「過食・嘔吐」「ひきこもり」が同時に起こっていたり、「多量服薬」や「万引き」「性的乱脈」といった行為も見られることがあります。これらの行為は、重たく苦しい気持を瞬時忘れさせてくれますが、それによってこころがほんとうに空になりつづけるわけではありません。ですから、重い抑うつ感やむなしさ、不安が甦ってくると、その苦しさは前にも増してつらいものになります。そうなると、忘れさせてくれる行為をさらにエスカレートさせ、激しく頻繁に行うという悪循環に陥ってしまうのです。

《第三のうつ病》の背後にあるもの

こうして見ていくと《第三のうつ病》には、環境からのストレスもさることながら、人となり、すなわちパーソナリティの問題が大きくかかわっていることがおわかりになるでしょう。精神医学の用語を使うと「自己愛」「境界性」「スキゾイド」と呼ばれるパーソナリティのタイプが、このうつ病の背景には多いのです。しかし私の見るところ〈自己愛型〉〈心的外傷型〉〈スキゾイド型〉のパーソナリティに分けられるようです。それを解説してみます。

もっとも多いのは〈自己愛型〉の人たちです。この型の人たちでは、対象喪失の悲哀は「喪失や悲しみを押しつけてくる対象によって無理やり感じさせられている」と被害的に体験されます。そのため、その悲しみをこころから排出してしまうこと、こころに無いことにしてしまうことに、力が注がれつづけることになってしまいます。しかし当然ながら、悲哀はこころに甦ります。その結果、抑うつ感として戻ってきた悲哀に繰り返し襲われることになってしまうのです。こうして健康なこころを育てる、喪の悲哀の仕事はいつまでも進みません。

この方たちは、プライドや優越感にこだわりすぎています。その傷つきを防ごうと、他者や周りを批判し変えることばかりに目を向けています。そうではなく自分自身こそを見直し、変えるところはきちんと変える、捨てるものは捨てるというこころの姿勢を身につけることが大きなポイントです。そのために、心理療法を役立てられると変われるのです。

〈心的外傷型〉の人たちは、子ども時代に親から持ち込まれた「過剰な罪悪感や無価値感」をすでにこころに抱え込んでいます。そのため、新たな喪失体験から生じる悲哀の感情を置く余地がこころにないのです。だからそうした感情に圧倒されてしまいます。この方たちはうつだけでなく、不安やパニックを感じやすく、むしろ自分自身もひどく責めるところがあります。

ですからこの方たちは、こころがはたらきやすくなるよう、こころをいちど楽にする必要があります。心理療法でこころのなかのものをまず面接者にしっかり受け取ってもらうことが、こころが柔軟にはたらく助けになるのです。

〈スキゾイド型〉の方たちは、「むなしさや感情の麻痺」を体験していることが多いものです。それは、こころの知覚力が落ちていて、うまくとらえられない事態が続いたため、こころ全体が麻痺しているのです。心理療法で支えられながら、こころをゆっくりと見ていくことが麻痺の回復につながります。

ここまで、《第三のうつ病》を述べてみました。それは、「健康な悲しみ」が抑うつに変わってしまう不幸です。

健やかに生きること

健やかに生きるということは、ただ明るく楽しく生きることではありません。それも大切ですが、喪失や挫折の体験では心《しん》から悲しめること――悲しまされているのではなく悲しむこと――も併せて体験できて、私たちは健やかなのです。

そしてそれは、私たちが幼い頃から「喪失」や「挫折」をどのように受け容れて生きてきたかに大きく影響されています。喪失や挫折を受け容れながらも、いまの私たちが私たちのこころのありかたとじっくり向き合うなら、私たちは変わることができるのです。

おわりに

現代社会はどんどん便利になり、また、物・情報ともに豊かにかつ容易く手に入ります。その意味では、我慢したり、失ったり、挫折したりしていることを否認できる方法がたくさんあるのです。たとえば、ゲームに打ち込めば現実を見なくてすみますし、パソコンの世界にのめり込めば現実は見なくてすみます。いろいろな意味で、「ほんとうの体験」を避けることができる世の中になってきています。お金を出せば、簡単に充足できるものがたくさんあるようになりました。

しかし、生きているということは、どんなに避けたり否認しても、「挫折」を体験することであり、「喪失」を体験することです。それが人生なのです。ですから、「ほんとうの悲しみを、悲しみとして味わって、自分自身のこころの糧とできるのか」、これが、私たちがいまの時代を生きているからこそ求められているのではないかと思います。

楽しいことも体験できれば、悲しいこともそのまま味わえることにこそ、ほんとうに充実した人生があるのではないかと思います。

質疑応答

質問者　現代に多くなっている《第三のうつ病》についてもう少し詳しくお聞きしたいのですが。

松　木　《第三のうつ病》は、むかしは「神経症性うつ病」「抑うつ神経症」「反応性のうつ病」と呼ばれていたものです。かつては、うつ病といえば「内因性のうつ病」と「神経症性のうつ病」があるといわれていました。その「神経症性うつ病」が《第三のうつ病》にあたるものです。

その人の成育史や環境の状態によって、その人のパーソナリティが出来上がります。その形成されたパーソナリティが、ある種うまくいかないとき、挫折・喪失など何かの壁にぶつかったときに対処できないために起きてくるうつ状態です。たとえば失恋してうつになったとか、会社で仕事や対人関係がうまくいかなくてうつになったとか、学校で対人関係が難しくてうつになったとか、そういった状況で現れます。あるいは「反応性のうつ病」というのは、大事な人が亡くなってしまったとか、大事な試験に落ちてしまったとか、仕事や学業で大きな失敗をしたとか、周囲も理解できる誘因のもとに始まります。本来、そういうときは「対象喪失の挫折の体験」として「悲しみ」が始まるのですが、悲しみを悲しみとして受け止めることが難しくて、そのためにうつの状態が始まるという起こりかたです。

このタイプの抑うつが、最近のうつ病の七割前後を占めているのではないかと思います。私の若い頃は、そういうタイプのうつ病は四割以下だったことは問違いないです。一般の精神科病院外来ならば二割あるかどうかでした。

実は、昔はそういう病態の人を神経衰弱やヒステリーといった他の病名で呼んでいました。いまはそうした人たちが「気持の落ち込み」を前面的に訴えてくるので「うつ」という診断になります。精神科の病気は検査で客観的に病気を診断できませんから、その時代の文化の影響が診断に反映されます。いまの時代は「気持が落ち込んだ。うつだ」と、この気分を言葉で直接訴えられる方が多く出てきましたから、その結果「うつ」という診断が増えている時代であるのは間違いありません。

たとえば、私が精神科医になった頃は、子どもにはうつ病はないといわれていました。それは、子どもが「落ち込んだ」とか「死にたい」などと訴えることがほとんどなかったからです。昔はそういう言葉が文化的に共有されていなかったのだと思います。それが現在では、文化の変化と情報の広がりで、子どももそういう言語化ができるようになり、「子どものうつ病」があたりまえになってきています。

******　　******　　******

質問者　喪失の原体験として離乳があり、二者関係の抑うつがあり、三者関係のエディプスがあるというお話でした。二者関係は「悲哀の仕事」をおこなう力をつけるとのことで、なるほどと思ったのですが、三者関係となり、独占ではなく三者関係で共有するとき、子どもに求められる力は何でしょうか？　どのような納得のありかたが必要なのでしょうか？

松　木　それは精神分析の中核的な概念になっているエディプス・コンプレックスの話をすることで御理解していただけると思います。

エディプス・コンプレックスのわかりやすい例は、男の子が二〜五歳のあいだにお母さんが好きになり、お父さんを邪魔に思う三者関係です。そういうこころの発達の時期があるということです。「お母さんを自分だけのものにしたい。お父さんはどこかへ行ってしまって、自分がお母さんと一緒に生活できればいい」と。しかし、現実にはそこにお父さんがいるし、子どもにとってお父さんは力を持っているし、圧倒してくる存在です。やがてその男の子は、お母さんを独占したい、お父さんを排斥したいという欲望を抱いたがために、報復的に「お父さんから攻撃されるのではないか」という不安を抱くようになります。「お母さんと一緒になると、お父さんから自分が殺されるかもしれない」（象徴的にいえば「去勢されるかもしれない」）という不安葛藤を感じます。

この不安葛藤を味わったとき、ひとつの解決法としてあるのは、お母さんの独占は断念して「お父さんとお母さんと自分という三人で仲良くしよう」という気持のありかたです。そこにおいて男の子には、母親を自分のものにして父親をなきものにするという願望の「挫折」があるのです。

このときそれを男の子がどう体験するのかによって、「罪悪感」の質が変わってきます。「お父さんが自分を威嚇して、自分を傷つけたり、殺そうとするから、お母さんをあきらめる」というのは、「警察が捕まえに来るから、飲酒運転はしないでおこう」という、自分を威嚇懲罰するものを恐れて、ある行為をしないという、強いられた罪悪感の体験になるのです。それは健康な罪悪感ではありません。被害意識が優位です。

そうではなく、「自分が独占しようと思ったことは、あまりにどん欲過ぎる自己中心的な考えかたであり、お母さんはお父さんとともに持つものだ」と、自分が欲望を抱き過ぎたことに気づくことが、自発的な罪悪感をもたらします。健康な罪悪感です。

しかし、現実にはなかなか難しいこともあります。両親の夫婦関係がうまくいっていない場合、たとえば男の子がいたならば、お母さんが男の子の愛着を巻き込んで、お母さんと一緒になって、お父さんを排除するような家庭環境がつくられます。そうすると、喪失と挫折をともなったエディプスの体験をできず、その子は万能感のままになってしまいます。「やっぱりお母さんは自分のものだ。お父さんは家にいるけど、いないのも一緒だ」、といった感じになってしまうのです。

こうした体験がこころに残ってしまうと、社会に出たとき、自分の気に入った関係だけに閉ざされてしまい、他の状況や境遇に折り合いがつけられないありかたが、その人にできてしまいます。その場合、その人のありかたよりも社会の力のほうが強かったならば、エディプスの頃には母親とのなかで充足できたことが、社会では充足できません。そうすると、うつになったり引きこもったりするという事態に向かわざるをえません。

このようなかたちで、エディプスの時期をどのように体験したのかが、大人になったときにあらわれるのです。

質問者　エディプス・コンプレックスが子どもの成長の基礎となり、大切なものだとは思います。ただ、たとえば子どもが小さいときに親が一人しかいない状況だった場合、どのような影響や発達のしかたがあるのでしょうか。

松　木　エディプス状況は、お父さんとお母さんと子どもがいるという三者関係ですが、現実には離婚などで、シングルマザーと本人とか、シングルファーザーと本人という状況があるのは間違いありません。

しかし、人間のこころでは「カップル」をモデルとしてもつという、基本が備わっています。たとえば、男の子とお母さん二人で生活していても、男の子は発達するなかで父親的なモデルをもつでしょう。お母さんのお兄さんや弟、あるいはおじいさんとか、近くの知り合いあるいは男性の先生を父親の位置に置いて、そういうかたちでエディプス体験をしていくということが、実際の発達には起こります。

そうはいっても、片方の親しかいないと事態が難しくなることは間違いなく起こります。今日、離婚する方が多いですが、それは子どものこころの発達に間違いなく影響を与えるところが大きいでしょう。母親しかいないと、男の子であれば、母親との関係での一体感が長く続いて、万能感を解消することが難しくなります。

そこにはおそらく、母親のありかたと、母親の引力が大きく関係すると思います。お母さんがこころのなかにバランスよく「自分自身の父親と母親のイメージ」をもつことができていたら、子どもに比較的バランスよく関われると思うのです。ところがお母さんがもともと、その点で偏った感覚をもっていると、それが子どもに影響しやすくなると思います。じつは、結婚している夫婦でもそうで、お母さんに偏りがあると、子どもに余計に影響しやすいのです。それが一人親で育てるという状況になると、その影響がよりいっそう出やすいので、そのための難しさはあると思います。

カウンセリングからみた人間の成長

皆藤　章

はじめに

わたしが長いあいだずっと考えてきたのは、「人間が生きるとはどういうことか」ということです。きわめてシンプルな問いですが、この問いに対する答えはわたしにはいまだに出ていません。また、この問いはとても抽象的なもののように思われるかもしれませんが、カウンセリングの実際にとって本質的なものだと、わたしは思っています。

実はわたしは「成長」という言葉があまり好きではありません。「成長」というと、右肩上がりのイメージがありますが、心理療法や臨床心理学のなかでは、この概念はどのようにとらえられてきたのでしょうか。わたしは、カウンセリングという実践体験を通して、それは非常に複雑なプロセスを経てきているのではないかと考えています。

たとえば生物学であれば、身長を縦軸／年齢を横軸にして、背丈がどれだけ伸びていくかということで「成長」を捉えられるのかもしれません。また、進化論というかたちで人間の「成長」を論じることも可能でしょう。しかし、カウンセリングの実践体験からみて、人間の「成長」を考えるのは非常に難しいと思います。「成熟」という言葉も、なんとなく似合いません。「変容」という言葉が一番しっくりするような気もしますが、それもまた、わたしのなかには違和感が残ります。

またわたしは常々思っているのですが、カウンセリングや心理療法によって、人間が変わる・成長すると安易に考えることは、危険なことです。そこまでいかなくても、カウンセリングや心理療法で「癒される」と考えている人もいます。しかしこれは、わたしのカウンセリング観からすると、彼岸の側のことであり、遙か彼方の話です。

ところが一方で、現代人は「誰かに、何かに、癒されたい」という願望を強くもっています。しかし、そう思うこと自体が甘いのではないでしょうか。「本当の意味での人間の成長は、誰かに癒されたり、何かに癒されることで達成できるものではない」ということを、われわれ現代人はもっと自覚すべきではないでしょうか。

そして、心理療法に携わる者としては、「ほんとうの意味で癒しの道を歩むとは、どういうことなのか。それに対してカウンセリングや心理療法は、どのような貢献ができるのか。」ということを考える、それが非常に大事であるとわたしは思います。

わたしはそもそも「このクライエントをどのように癒そうか」とか「このクライエントが穏やかな暮らしができるために、自分は何ができるのか」などと考えてクライエントに会うことをしていません。それは、多くのカウンセラーの考えかたと異なるとしても、わたしの思想です。わたしは「人が人を癒すことは根本的にできはしない」と思っています。人が人を変えるということは、その人に対する傲慢で不遜な行為ではないかと、わたしは思っているのです。カウンセリングでお会いすることを通して、その人が変わっていくことは結果としてありますが、それがわたしのカウンセリングの目的ではありません。

このようなことを前提にしたうえで、カウンセリングにおける成長の問題について、これから考えていこうと思います。

時代と社会を生きていくうえで

心理療法という専門的な営みは、物質的に豊かな国にしか存在しません。毎日が生きることで精一杯の国では、そういうことよりも、日々生きることが最重要の課題になっているからです。たとえば韓国や中国といった経済成長が著しい国では、最近、心理療法にとても関心が集まるようになりました。人間のこころのテーマは、経済が発展し物質的に豊かになってくると、おのずと生じてくるものなのかもしれません。

日本の現代がかかえるテーマ

それでは、日本が日々の暮らしに精一杯だった時代とは、どれくらい前のことでしょうか。案外、それほど昔ではなかったように思います。宮本常一という民俗学者が日本の近代化以前あるいは近代化途上の人々の暮らしを聞き書きした本のなかに、このような話があります〔宮本常一他監修『日本残酷物語1 貧しき人々のむれ』平凡社、一九九五年、一一四～一一五頁〕。

明治三〇年前後のことである。「世間のひどく不景気だった年に、西美濃（岐阜県）の山の中で炭を焼く五十歳ばかりの男が、子どもを二人まで鉞《まさかり》で斫《き》り殺したことがあった。女房はとっくに死んで、あとには十三になる男の子が一人あった。そこへどうした事情であったか、おなじ年位の小娘をもらってきて、山の炭焼小屋でいっしょに育てていた。なんとしても炭は売れず、なんど里へ降りても、いつも一合の米も手に入らなかった。最後の日にも空手《からて》でもどってきて、飢えきっている小さい者の顔を見るのがつらさに、すっと小屋の奥へはいって昼寝をしてしまった。眼がさめて見ると、小屋の口いっぱいに夕日がさしていた。秋の末のことであったという。二人の子どもがその日当りのところにしゃがんで、しきりになにかしているので、傍へいって見たら一生懸命に仕事に使う大きな斧を磨いていた。阿爺《おとう》、これでわしたちを殺してくれといったそうである。そうして入口の材木を枕にして、二人ながら仰《あお》向《む》けに寝たそうである。それを見るとくらくらとして、前後の考えもなく二人の首を打ち落してしまった。それでじぶんは死ぬことができなくて、やがて捕らえられて牢に入れられた。この親爺がもう六十近くなってから、特赦を受けて世の中へ出てきたのである。そうしてそれからどうなったか、すぐにまたわからなくなってしまった。

同じような話があちこちにあります。日本がまだ貧しいくらしを余儀なくされていた時代に実際に起こっていたことです。たとえば深沢七郎の『楢山節考』をイメージしてもよいと思います。「間引き」という悲惨な行為が実際に行われていたことをイメージしてもよいでしょう。こういう時代には、生きることに精一杯で、精神的なことがらが心理療法というスタイルで問題にされることはありませんでした。

この、明治三〇年前後に生まれた作家に、宮沢賢治がいます。彼は『なめとこ山の熊』という童話でこれと似たテーマを語っています。この世を修羅ととらえて、修羅の世界を人間はどう生き抜いていくのかを、賢治は考え抜きました。そこには　人間であるが故のどうにも仕様のないテーマが潜んでいます。

また、哲学者の鶴見俊輔はこのようなことを語っています〔『教育再定義への試み』岩波書店、一九九九年、二～三頁〕。

一九九七年に神戸で一四歳の中学生が九歳の小学生を殺し、その頭を胴からきりはなして自分の学校の門の前におくという出来事があった。おなじ少年はその前に、小学校の女生徒ふたりをおそい、ひとりを殺し、ひとりに傷をおわせた。

このしらせをきいたとき、私は、自分が子どものころだったら、自分がこの少年Aのようなことをするかもしれないという不安をもっただろうと思った。私が一五歳をすぎたころならば、自分はこういうことをしない、しかしこういうことをするかもしれないものとして人に見られているのではないか、という不安からのがれられなかっただろう。七七歳の今、私は自分がそういうことをするものと感じていないし、自分がそういうことをするものと見られてもいないと感じている。同時に、だから自分は、少年の心の中にもはや入ってゆけないほどにぶくなっており、この少年の心から現代の教育を見ることができないことを自覚する。

自分もひょっとしたら同じことをしたかもしれないという不安をもつというのは、それは、鶴見俊輔にとってこのことが他人事ではないからです。自分のこととして、この事件を引き受けていこうとしているのです。自分の外で起こっていることを自分のこととして引き受けて生きていくこと、感じていくことは、とても難しいことだと思います。人間は、自分の嫌なことは早く忘れてしまおうと思うものですから、自分に引き付けて考えることはなかなかしないものなのです。

鶴見俊輔は同じ本のなかでこのように書いています〔前掲書、三～四頁〕。

同時代をゆるがしたこの事件について、私は内部からそれを論じることができない。だが、少年のかよっていた学校の長が、学校で全校生徒をあつめてこの事件に何もふれないで、生命を大切にするようにという一般論の訓辞をしたということにも、共感できない。おなじ校長が新聞とテレビに対して、事件を重く受けとめているという、大臣や次官や銀行や証券会社の重役とおなじく型どおりの言葉づかいで自分を守っていることにも共感できなかった。教師は、官僚、商社重役と同じ言葉づかいに追いつめられたというのが、現在の日本である。親もそうなったらどうなるだろう。そして子どもが親にたいしてそうなったらどうであろう。心のこもらぬきれいな言葉だけが日本全体をおしつつむ。「おとうさんの言われることをぼくは重く受けとめます」と子どもが親に言うとき、ここが、日本の教育に対して逆転機になるのではないか。

事件の内部に入って、子どもの心をとおして、教育を考えることはできないとしても、この事件を、もっと長い年月の中において見ることを、たとえ外部から見ることに終わるとしても、私はここにこころみたい。

このような例を挙げながらわたしが述べたいことは、つまり、現代がどういう特徴をもった時代であるのかを考えてみるべきではないか、ということなのです。

グローバルな変化のなか

インターネットの普及により、世界各国と個人の交流が容易になりました。それに付随して現れた現象が、個人の「肥大化」と「匿名化」です。

インターネットが日常生活に浸透するプロセスで、アメリカで「インターネット・デプレッション」という問題がとりあげられたことを記憶しています。どういうことかと言いますと、「アメリカの主婦の人はインターネットをとおして、まるで自分が世界の中心にいるかのような感覚に陥っている（個人の「肥大化」）。しかしインターネットを閉じて、夕食の支度をしなければいけないときがくる。するとそこにいるのは、世界を相手にしていた自分ではなく、これから夕食の支度をしなければいけないひとりの生活者である。それはきわめて矮小・卑小しているように感じられる」ということからもたらされる「うつ状態」のことです。そういったことを、もしかすると現代人は日々体験しているのかもしれません。そしてまた、インターネットを使うことで「匿名化」が働くようになりました。個人情報を保護することはもちろん大切なことですが、それによって匿名性が強くなり、特定の個人への誹謗中傷が匿名性のもとに容易に行われている時代でもあります。

さらに、現代の特徴として、グローバリゼーションによって、いろいろなものがくらしのなかに入ってくるため、人はみな「異質性」を引き受けなければいけなくなっているということが言えます。

たとえば海外帰国子女の問題がそれをクリアに語っています。アメリカの学校教育は、児童・生徒の個性を非常に大切にします。進路指導でも「君は算数の成績は良くないが、英語の成績は良いから、英語を生かした仕事に就けるように、英語を頑張りなさい」といった指導をするそうです。「君は英語は良いが、算数がダメだから、算数を頑張りなさい」とボトムアップさせようとする日本の指導とはまったく逆なのです。アメリカの子どもは、自分の個性とか長所が輝くポイントを教師に的確に指摘してもらって、そこを頼りに生きていこうとします。日本は全員が平均的になることを目指して、個性よりは集団や全体を大事にしようとする教育をします。そうした違いがあるため、海外でしばらく教育を受けた子が日本の学校教育を受けると大変なことになるのです。個性的であることは却って目立つことになるため、いじめられることもしばしば起こります。

このようにみると、異質性を排除することなく、いかに共に生きるか。そのことが問われる時代をわれわれは生きている。こうした認識をもつのはとても大事なことです。こころもそうですが、社会も同様に、近代化のプロセスを支えた思想が「排除」だったことを思い出して下さい。危険なもの・病んだもの・社会に適応しないものが、社会の中心から排除されることによって、近代社会ができあがっていきました。そしてその後、「排除」の思想から「共に生きる（共生）」という思想への転換が生じました。たとえば日本の公共施設のあらゆるところで、車椅子のスロープができました。車椅子での生活を送る人々も、積極的に社会のなかで人間関係を豊かにしながら生きる権利をもっている。現代の時代性からすれば当然のことです。それでは、われわれのこころも同じプロセスを歩んでいると言えるでしょうか。このような視座から人間のくらしを眺めてみること、あるいはこのようなことを自分自身のこころに問うてみることも大切です。

さて、グローバルな視野のもとでは、地球環境といった、くらしにおける倫理も求められます。けれども、現段階では、たとえば分別回収をしながら「自分は地球にやさしくしている」という実感をもっている人はどれほどいるでしょう。おおよそは「そういう決まりだからやっている」のではないでしょうか。しかしながら、こうした変化は人間のこころに、次第に「生きる倫理観」として反映されていくのかもしれません。つまり、「われわれはどういう考えかたをもって生きているのか」「わたし自身はどう生きるのか」について考えていかなければならないということです。それはわたし個人のことでありながら、地球のこととも繋がっている。そして、そうしたことを考えることは、同時に自分がどう死んでいくのかについて考えることでもあるのです。

このように、社会の変化が人間のこころにどのように反映されていくのかを考えることは、きわめて大切なことだとわたしは考えています。なぜなら、われわれは社会との関わりあいのなかで生きているからです。臨床心理学は人間のこころについてさまざまなことを語りますが、わたしは、何よりもまず、人間は生きていかねばならないことを思います。この、くらしのうえでの事実や手応えを、非常に大切に考えようとしているのです。

生きていくことと死んでいくことに関わる

以上のようなことを踏まえてさらに話を進めていきましょう。

カウンセリングはその誕生以来、「病いに陥った人がいかに健康になれるか」「問題行動や社会的不適応行動がいかに解決されるか」といった方向性をもって思想や技法を構築してきました。カウンセリングが目指したのは「症状が解消されること」「問題行動が解決へと向かうこと」というベクトルだったのです。

その根底には「健康イコール幸福」という思想がありました。その思想を支えたのは近代科学的な世界観です。シンプルに因果論とよんでもいいでしょう。つまり「病いには原因があり、それを追究して原因をなくしていくことで、健康になる」という考えかたです。

ここで考えなくてはいけないのは、症状をなくす・問題行動をなくすという視点に立つことは、「排除から共生へ」というパラダイムとは異なっているということです。近代化のプロセスが「排除」という思想を反映しているわけですから、近代という時代に誕生したカウンセリングが「排除」を目指しているのも、ごく当たり前なのかもしれません。

これは現代の特徴とは異なる在りようでしょう。現代の「共生」「共存」といった思想とは明らかに異なります。

治す・治ることの彼岸を見すえて

もちろん、カウンセリングを通して、悩みや苦悩がなくなっていく、病いが癒える、症状や問題行動が解消される、ということが確実に保証されるのであれば、そういう方法があるのであれば、わたしは百万言を費やしてでもその方法を語っていきたい。しかし、カウンセリングを通じてそのようなことが確実に保証される営みは、方法論としてはまだ構築されてはいません。そして、おそらくそれは、方法論として構築されるようなものではないのではないか、とわたしは考えています。ここには、カウンセリングが重要視する「関係」という機能が働いています。たとえば、五〇人のクライエントが河合隼雄先生のところへ行けば五〇人とも良くなる、という保証はどこにもありません。一人ひとりのクライエントと河合隼雄先生との「関係」が異なってくるからです。カウンセリングは個人の人格を賭けた営みですから、当然ながらそこには「相性」といったことが働いてきます。それがカウンセリングです。カウンセリングを受ければかならず悩みがなくなり、幸せがやってくる、と思うこと自体は幻想なのではないでしょうか。

したがって、「いかに治すのか・治るのか」という視点だけでは不充分だということになります。

実際、そういう視点だけでは向き合うことができないクライエントが非常に増えています。たとえばわたしのところには、とりたてて症状や問題行動があるわけではないものの「自分のことを考えたい」と言って通って来られる人がときどきおられます。「そういう人はべつに症状や問題行動があるわけではない。カウンセリングの必要はないだろう」という意見をもたれる方もいるかもしれません。それに対して「カウンセリングは、症状や問題行動がなければできないとは思わない」というのがわたしの考えです。

ただしそこには、大きな専門的な課題があります。本気で心理療法が展開していくということは、クライエントにとっても心理臨床家にとっても、あるいは二人の関係にとっても、非常に危険な営みであることは確かです。この点で、河合隼雄先生が谷川俊太郎さんとの対談のなかでこのようなことを語っておられます——「ノーマルな人、健康な人、症状や問題行動があるわけではない人をカウンセリングすると、ノイローゼになる」と。

これは当たり前のことかもしれません。健康的な人は、人格的なバランスとか、意識と無意識のバランスなど、それなりに自分でバランスを保つ力をもっています。カウンセリングや心理療法が始まって、カウンセラーや心理臨床家と話すと、そのバランスが崩れるのです。「この人はきちんと話を聞いてくれる人だ」とわかると、普段は話さないようなことまで話すようになります。そうすると帰りがけに「こんなことを話して大丈夫だったのだろうか」といろいろな思いをもって帰っていきます。そうしたことが何週も重なっていくと、穏やかなこころで過ごすことが難しくなります。

健康な人、症状や問題行動がとりたててない人の話を聴くときは、聴くほうの聴きかたがとても大事になります。ものすごくきちんと聞くと、その人に神経症的な症状を引き起こしてしまうかもしれません。もう少し考えると、症状や問題行動がとりたててない人が「自分のことを考えたい」ということは、それそのものが主訴と言えるのです。ユング心理学的な言いかたでは「より高い次元の段階に進みたいと願っている」ということになります。一般的な言いかたでは「自己実現へのきっかけ」になるかもしれません。そういうことを知ったうえで、心理臨床家はクライエントに会っていかなければならないのです。

素朴に考えた場合、そういう人と会うときは「治す・治る」といった方向での会いかたはできません。わたしの場合、根本的な姿勢として、主訴・症状・問題行動が解決・解消へ向かう方向へ導こうとして、クライエントと会うことはありません。極端な言いかたですが、わたしはクライエントを治そうとしていないし、クライエントが治ることを目指してもいません。結果として、症状や問題行動が解決・解消することはたくさんありますが、そのことが目的になっているわけではありません。ここのところは、他の心理臨床家の人たちの姿勢とは違っているかもしれませんが、症状や問題行動がなくなることは結果であり、わたしにとっては目的ではありません。

これもわたしの人間に対する根本的な思想になりますが、一人の人間が一人の人間を操作することへの、いかんともしがたい抵抗感があります。これはわたしのなかで、ある種のコンプレックスを形成しているのかもしれません。たとえば机の端のほうにコップがあるとします。これは誰かがここに置いたわけです。その人がそうしたのであり、それに対して、「こんなところにあったら危ないから、もっと真ん中のほうに置きなさい」とわたしはなかなか言えないタイプです。ここにコップを置いた人のその行為に、人間としての尊厳を感じるからです。だから、「治る・治す」と考えてクライエントに会うことが、基本的にわたしは下手なのです。

一人ひとりの物語の尊厳

クライエント自身の「人生の物語」が生まれてくるプロセスに、われわれは臨床家として関わっています。百人の人がいたら、その百人はどの人も同じ人生を歩んできていません。それぞれには個々固有の、他の人とは絶対に異なる人生があります。そういう人生が創り上げられていくことが、「生きる」ということだと思います。それが一人の人間の「物語」です。

それでは、クライエントがそれぞれの人生を「物語」として生きていく営みに関わるような「聴くこと」は、治す・治ることを目指す「聴くこと」とはどう違うのでしょう？　それは、「関係」の質の違いではないかと思います。

「治す」カウンセリングを一生懸命に頑張ったのはフロイトでした。「治る」カウンセリングを一生懸命に頑張ったのはロジャーズでした。そして現代においては、「生きる」カウンセリングまで、幅が広がってきています。たとえば終末期医療の最前線で働く心理臨床家がいますが、末期ガンの患者と関わる心理臨床家は、クライエントを全力をあげて治そうとしても治りません。どんなことがあっても、死んでいく人は死んでいきます。また、ＨＩＶキャリアの人のカウンセリングが、いま重要度を増しています。ただしそこでも、カウンセリングを受ければＨＩＶキャリアでなくなるのかというと、そうではありません。

不治の病いは、われわれの周辺にたくさんあります。河合隼雄先生に言わせると「生きていること自体が病んでいる」のです。たとえば糖尿病は治りません。糖尿病を抱えた人たちが少しずつカウンセリングにやってくるようになりました。慢性疾患を生きる人たちに対して、心理臨床家はどのように会っていくことができるのでしょうか。これも非常に大きなテーマです。そういう人たちはそもそも、われわれに「治してもらおう」などと思っていません。ではなぜ来るのかというと、それは話を聴いてほしいからです。このときこそ、話を聴く側の在りようが問題にされて然るべきだと思います。テレビを観ながら話を聞いているのとは訳が違います。

わたしは、「生きる」カウンセリングを支えるパラダイムとして、「物語」があると考えています。この、「生きる」カウンセリングが重要になってきた背景としては、われわれがなかなか死ねなくなってきた、ということが挙げられるでしょう。人間はそうとうに長い年月、人生を歩むことが可能になりました。そして「老々介護」「認々介護」などという言葉も生まれてきました。

超高齢化社会の到来によって、「人生の第四コーナー以降をいかに生きていくのか」という問題が、カウンセリングの在りようには当然、影響を与えるでしょう。これはわたしがスーパーヴィジョンをした体験ですが、あるスーパーヴァイジーは、たとえば看護師と一緒に終末期の患者のベッドサイドに赴いて在宅医療を勧めていく仕事をしています。終末期の患者と毎日のように接する。そして、患者が死ぬ。その死を前にして「自分はこの患者に対して今まで何をしてきたのだろうか」といった自問が生まれてくる。その自問がスーパーヴィジョンにもち込まれてくる。これは、「治す」「治る」カウンセリングの射程外のテーマですが、そうしたことが起こっているのです。

また、身体障害を抱えた人がカウンセリングに訪れるようにもなりました。車椅子の生活を余儀なくされた人がどう生きていくのか？　視力障害者の場合、中途失明者が六割以上です。そういう人たちも生きていかなければいけません。そういうとき当然、精神的なテーマが関わってきます。どう生きていけばよいのか？　そのことに臨床家はどう応えることができるのでしょう。これは大きなテーマだと思います。

イニシエーションにかかわる

　カウンセリングからみた人間の成長について、ここでは「現代におけるイニシエーション」というテーマをとりあげたいと思います。このテーマはそれほど目新しいものではありませんが、現代という時代を射程に入れてみるとき、現代人のイニシエーションについて考えざるを得ません。

　たとえば、症状や問題行動のとりたてでない人が「自分自身のことを考えたい」ということで相談に来られた時、初期の頃が非常に大切です。初期の頃、そういう人たちは、しばしば身体の不調を訴えたり、眠れなくなったり、つまり症状的なものが動き始めるわけです。心理臨床家がそこのところをきちんと受け止めないと、ノイローゼになったり、症状形成することがあります。その一方で、ここをきちんと受け止めると、その人の語りが、その人の「本質的な人生テーマ」として収斂されることが多くなります。

　そこで何が起こっているかというと、それがイニシエーションです。自分の人生の本質的なテーマに関わるため、イニシエーションがカウンセリングの初期に起こっているのです。「いかに生きるのか」について考える「物語の生成」へと向かうイニシエーションです。これは症状や問題行動がない人だけではなく、症状形成してカウンセリングに来られる人のなかにもあります。

　カウンセリングは全体として「変わっていく」ことを考えますが、まずは主訴・症状や問題行動をもっていることによってようやく防衛できている自分がいるということを大切にします。そのうえで、カウンセリングを始めると、そういう症状がだんだんと防衛として使われなくなります。そうすると人格の在りようも動いてくるので、今まで世の中と関わるために防衛していた在りようとは異なる自分ができあがり、結果として「変わっていく」のです。これが外から見た場合には、「いままでとは違う」「悪くなった」と見られることもあります。

しかし、まさにそうした状況を、イニシエーションとして理解できるのではないでしょうか。

実存的対決を見守りながら

イニシエーションという概念は、子どもから大人になるための儀式であり、「通過儀礼」と呼ばれることもあります。たとえば元服の儀式などがそうです。しかし近代以降になると、制度としての通過儀礼はイニシエーションの意味をもたなくなります。現在、成人式に出たから大人になったと思っている人はおそらくいないでしょう。制度としてのイニシエーションは消滅しています。

それでは、心理的なイニシエーションを、現代に生きるわれわれはどのように考えればいいのでしょうか。これが大きなテーマになってきています。イニシエーションとは「ある状態から別の状態へ変わっていくプロセス」で体験されるものだと思います。これは河合隼雄先生の『大人になることのむずかしさ』という本にある一例です〔岩波書店、一九八三年、七八～七九頁〕。

ある父親は、先祖から伝統のある菓子製造の仕事につくしてきた。彼にとって、息子がその名誉ある仕事を継いでくれることは、むしろ自明のことであった。また実際に、息子の方も、小さいときから父親の仕事に興味をもち、父

親が菓子つくりの難しさを語ったりすると、興味深く耳を傾けたりした。ところが、息子が大学を受験するときになって、急に自分は法学部に入学して官僚になる、といいだしたので驚いてしまった。そんな馬鹿なことがあるかと父親は怒ったが、息子の言い分にも筋の通っているところがあった。というよりも、息子の言い分を聞いて、父親はものがいえなくなった。息子にいわせると、父親は口を開くと税金が高いとか、政治が悪いとか、いつもいっている、そんな文句をいいながら菓子づくりをしているよりも、日本の政治や役所の在り方を変えてゆくように努力する方が本当ではないか、というのである。父親は「先祖代々の仕事」などと偉そうにいっていながら、結局は税金だとか、役人の統制とか愚痴ばかりこぼしている。それは自分の仕事に本当に誇りをもっていないからだと思う。父親は息子に完全にいい負けてしまった形になり、不本意ながら、息子の法学部受験に賛成しなくてはならなかった。

河合先生は「これが象徴的な父親殺しだ」と述べています。ここにイニシエーションが起こっているわけです。父親の人生観や生きかたと、息子の人生観や生きかたが、対決している。これが「実存的対決の場」です。「実存的対決の場」とかぎ括弧で括っているのは河合先生の言葉だからです。河合先生は「家族関係とは何か」というテーマに対して、それは「実存的対決の場」であると答えています。つまり、個々の生きかたを賭けた対決が生じるわけです。この息子は父親の人生観ではなく自分自身の固有の人生観を、この対決を通して獲得することになります。息子が父親の生きかたを批判し自分の道を歩むことを宣言することが、象徴的な父親殺しです。これは父親に限らず、母親にも当てはまります。

この話もこれだけならば「息子も大したものだ」ということで終わりますが、法学部に入学した息子が勉強についていけなくて、引きこもり生活を送るようになるかもしれません。その後どうなるのかは誰にもわかりません。わたしが「物語」というパラダイムでもって、少し長いスパンでクライエントにお会いしていこうと考えているのは、そういうところもあるからです。このようにみると、例えば、この息子は法学部に入学したあと、「こんな法治国家じゃダメだ。菓子づくりを学んだほうが、よっぽどましだ」と言い始めるかもしれません。

危険を伴いながら

イニシエーションにおける危険性は河合隼雄先生も指摘されておられますが、わたしもまったく同感です。わたしは昔、思春期や青春期の子どもにこのようなことを言ったことがあります。「あなたの親は、けっして、おかしな考えかたをもっている人ではない。親の言うとおりに生きていけば、あなたも七〇%ぐらいは満足できる人生を送れると思う。それでもあなたは、親の言うことを聞かず、三〇%に賭けて、自分の人生を生きていこうとするのですか」と。そういうわたしの問いに対して「親の言うことを聞いて生きてゆきます」と答えた子どもは一人もいません。これこそが青年期です。全身にエネルギーがみなぎっており、自分一人の力で世界を開拓できると思っています。親のほうが長く生きているのだから、子どもよりも人生の大変さを知っているはずです。そんな親の言うことを聞いたほうが良いのは当たり前なのですが、そうはしないのです。

つまり「こころの成長」とは、誰かの言うことを聞いていれば成し遂げられる、という類のものではないのです。危険を伴いながら、その危険を知りながら進んでいかなければならないのです。どこに危険が潜んでいるのかわからないけれども、自分が進んでいきたい方向に進んで行かざるを得ない。それを通してこそ

「成長」と呼べる事態が訪れるのではないでしょうか。

そう考えると、人間が生きるということは、すごく不思議なことだと思います。人間は、社会的な価値観や慣習に迎合するだけではなく「そこをほんの少しでも超えよう」「自分はそう思わない。こう生きよう」とすることではじめて創造的な営みが生まれてくるわけです。創造的に生きることには、どうしようもなく危険が伴うのです。

これも河合隼雄先生がおっしゃっていたことです――「親殺しにしろ、それを親の立場から受け止めた際の子殺しにしろ、象徴的になされるとはいえ、そこに相当な危険性が伴うことは当然である。すべて良いことには危険性が伴う。一人の子どもが大人になるということは、なかなか大変なことである。その子が規定の路線に乗っかって大人になるということが、本当に大人になることかどうかは、問題である。そういう場合はあまり危険性は生じないであろう。そうではなく、子どもが個人として、個性を備えた大人になろうとする限り、そこには何らかの『殺し』が必要となる。ここできわめて大切なことは、それが意味あるものになるためには、その『死』が『再生』へとつながらなければならないという事実である」と。

現代における対決の場を模索しながら

わたしは三十年ほど前に大学の講義でこのようなことを話したのを、いまでも覚えています――「イニシエーションなどとたいそうなことを考えなくても、『これが大人だ』というイメージが自分にあって、そんな大人になりたくないのならば、別にならなくてもいいのではないか。無理になりたくもない大人にならなくても、自分の好きなように生きればいいのではないか。『それが自分にとっての自己実現だ』と思って生きていけば、それはそれで誹りを受けることはない。定職につかなくても暮らしていける時代は来ている。フリーターで暮らしていくことは充分に可能だ。自分でそう選ぶならばそれでいいし、無理して大人になる必要はない」と。

昔はこのように思っていたわけですが、いまは考えかたが変わっています。現在は、イニシエーションは現代人にとって不可欠ではないかと思っています。親殺しや子殺しが象徴的に実現されずに現実の悲劇を生んでいる例を、新聞報道などで毎日のように目の当たりにすることも影響していると思います。

また、「別にイニシエーションを経て大人にならなくてもいい」と言いながら、非常に未熟で幼稚な考えかたで、人生を生きていくことができると思う若者が増えてきました。そのなかからは犯罪者も現れるかもしれません。象徴的な父親殺しや母親殺しを引き受けられるほど、現代において親は機能しているのか？　対決する土俵に、親は乗り切れていないのではないか？　クライエントの話を聴きながら、「こんなものは相手にできない」と子どもが親を見捨てているのではないか？　このように感じるときがあります。このことは引きこもりの子とか、引きこもりの子をもつ親の話を聴くときによく思います。孤立というかたちに留まって、対決の場に上がってこない。そもそも、相手が対決する値打ちがあるのかどうか。そのこと自体が問われているのかもしれません。

さらには、対決というよりも、途方もない暴力・虐待によって屈服させられてしまう、という事態が増えてきました。ドメスティック・ヴァイオレンス（ＤＶ）もそうです。ＤＶは夫婦間暴力ですが、それに子どもが無関与だとは言い切れません。そういう暴力を見て子どもは育つわけですから。孤立や暴力的な在りようが、結果として「本当の意味での対決」を甘くしているような気がします。

実存的な対決を体験してはじめて象徴的な「死」が「再生」に向かうのですが、現代においてはそれが「再生」に向かわずに、悲劇的な様相を帯びる、そうした事態が現実化しています。殺人事件などがそうですが、そういったことをわれわれは目の当たりにしています。「対決しようがない、対決する相手がいない」「どこに向かって対決を挑んでいけばいいのかわからなかった、誰でも良かった」、そういう在りようが最近とても目立ちます。

象徴的な意味での父親殺しや母親殺しについて、これも河合先生がおっしゃっています――「本当の意味で個性的に生きるためには、社会との軋轢を体験せざるを得ないのではないか。父親殺しの背景には、父親が抱く人生観があり、それを形成する背景としての社会があるわけだから、その社会との軋轢を体験せざるを得ない。これは個人と社会という永遠のテーマである」と。

さらにわたしは、クライエントあるいは人間一人ひとりが個性的に生きるとき、象徴的な「社会殺し」とでもいうべき体験が生じるのではないかと思います。本当に個性的に生きるためには、一般社会と対決して、象徴的に殺すことを通して、もう一度、社会との関係を結びなおす（社会との関係が「再生」へと向かう）ことが必要になるのではないでしょうか。そういう意味で、真に個性的に生きている人は社会的によく適応できる。そういう在りようが可能だと考えるのです。

もうひとつ、現代のイニシエーションについて考えるところを付け加えておきましょう。未開社会の構造においては、子どもがある年齢になると、でき上がった大人社会に入っていくというイメージでとらえることが可能です。ところが近代社会は、社会そのものが進歩しています。Aという社会からBという社会へ、そしてCという社会へと、社会が変化するとしたら、A社会で子どもから大人になった人と、B社会で子どもから大人になった人と、C社会で子どもから大人になった人がいます。Aでイニシエーションを体験して大人になった人は、Bの外側にいるためBからすれば子どもであり、大人になってはいません。したがってBで大人になるためにはBでのイニシエーションを体験することが必要になります。イニシエーションから見た場合、近代社会はこういう構造をしていることになります。

総じて現代社会では、変化が近代社会以上に早いのではないでしょうか。かつては「十年一昔」と言われましたが、いまはそれより早い時間で変化しています。誰が子どもで誰が大人なのかわからないのが、もしかすると現代の特徴なのかもしれません。

おわりに

近年、「物語」というパラダイムが注目されるようになってきましたが、これには二つの流れがあるように感じています。

ひとつは、実証にもとづいた医療や心理療法など、エビデンス・ベイストという考えかた（事実や証拠を大切に考える在りよう）に反するものとして登場してきた、ナラティブ・ベイストという考えかたです。ナラティブとは物語という意味ですが、このナラティブ・ベイストという考えかたが、さまざまな学問に導入されてきました。

もうひとつは、「近代科学」というパラダイムの転換の必要性として生まれてきました。わたしはこちらのほうが大事だと思っています。人間がこの世の中を理解するための知識体系には、科学的な知識体系と臨床的な知識体系があります。そして、科学の知を基盤にするのが「近代科学」であり、臨床の知を基盤にするのが「物語」なのです。

近代科学の特徴は「関係」の切断といえます。科学的に「これは誰が見てもコップである」と言えるためには、見る自分と見られるコップが切断されている必要があります。そこでは観察という行為が行われます。目で見て「こういうものがコップである」と、われわれは学習してきたのではないでしょうか。しかし、「こんなおいしい水が飲めるのはこのコップのおかげだ」とわたしが思うとき、皆さんが認識するコップとわたしが認識するコップは違うものになります。それは、このコップとわたしに「関係」が生まれているからです。

この「関係」はもっと尊重されて然るべきものだ、という考えかたがあります。臨床心理学はそのことをずっと主張してきたのですが、皮肉にも現代では、自然科学のほうから、その考えかたが登場してきました。主体の復権です。「関係」が自他をつなぐ機能をもつことがクリアに言われるようになりました。ここに「物語」というパラダイムが生まれてくる土壌があります。

「物語」としての心理療法についてわたしが考えていることは、おもに「関係」という視点についてです。心理臨床家がクライエントの語りを聴くとき、われわれは、クライエントの表現、あるいはクライエントが自身の人生を引き受けていこうとする姿勢の現れを聴いているのです。心理臨床家は「聴く」という行為のうちに、クライエントの人生のメッセージを受け取っています。それによってこそ、創造的な方向性をもって、心理療法が展開していくのではないでしょうか。

最後に「物語からみた病いと死」について述べておきましょう。河合隼雄先生が小説家の村上春樹さんとの対談のなかでこのように語っています。この語りには、現代のカウンセリングや心理療法に欠かすことができない視点が含まれていると思います〔河合隼雄・村上春樹『村上春樹、河合隼雄に会いにいく』岩波書店、一九九六年、一六三〜一六五頁〕。

人間はいろいろに病んでいるわけですが、そのいちばん根本にあるものは人間は死ぬということですよ。おそらくほかの動物は知らないと思うのだけど、人間だけは自分が死ぬということをすごく早くから知ってて、自分が死ぬということを、自分の人生観の中に取り入れて生きていかなければいけない。それはある意味では病んでいるのですね。そういうことを忘れている人は、あたかも病んでいないかのごとくに生きているのだけれど、ほんとうを言うと、それはずっと課題なわけでしょう。……

現代というか、近代は、死ぬということをなるべく考えないで生きることにものすごく集中した、非常に珍しい時代ですね。それは科学・技術の発展によって、人間の「生きる」可能性が急に拡大されたからですね。その中で死について考えるというのは大変だったのですが、このごろ科学・技術の発展に乗っていても、人間はそう幸福になれるわけではないことが実感されてきました。そうなると、死について急に語られるようになってきましたね。だけど、ほんとに人間というものを考えたら、死のことをどこかで考えていなかったら、話にならないですよね。

これは一九九六年の書物です。河合先生は谷川俊太郎さんと対談した『魂にメスはいらない』という書物のなかで次のように述べています――「僕の場合、一人の人間のことに必死になっていたら、世界のことを考えざるを得なくなってしまいました」。これはものすごい言葉です。これは心理臨床の実践をやり続けてきた人こそが語れる言葉だと思います。また、村上春樹さんとの対談のなかでは、「結局、深く病んでいる人は、世界の病を病んでいる」とも語っておられます。

またわたしは河合先生のこんな言葉を思い出します。いつのことだかは忘れました。先生が『皆藤さん、死ぬというのは、あの世と結合することやからねぇ』と言われました。それを聞いてわたしはびっくりしたのですが、別の言いかたをすれば「死ということもまたひとつのイニシエーションであり、成長であるととらえる」、そんな河合先生の思想がにじみ出ていると思いました。

わたしは小さい頃、ケガをすると「すぐにお医者さんに行きなさい」と言われました。その頃の医者は神様のように思われていましたが、現代は医者を選ぶ時代になっています。医者であれば誰でもよいというわけではありません。それと同じで、資格があれば誰でも心理臨床家としてやっていけると思っている心理臨床の学び手がいたとしたら、それはとんでもない間違いです。心理臨床家こそが、あらゆる仕事のなかでも、もっとも最後まで自分の人格を賭けて、人間と向き合っていこうとするべきではないかと思っています。

その意味では、心理臨床家になる自分、心理臨床家である自分を磨いていく。自分を考えていきながら、人間を考えていく。そういう営みが心理臨床家には不断に必要になります。しかしまたそのことは、何も心理臨床家だけではなく、とくに現代人にはあまねく必要なことではないかと思う今日この頃です。

心理臨床とスピリチュアリティ

大塚 義孝

はじめに

臨床心理学の大枠は、生理《bio》・心理《psycho》・社会《socio》という三つのパラダイムから成り立っています。この頭文字をとってＢＰＳと呼ぶ人もいます。臨床心理学はアメリカで発生し発展してきました。アメリカを中心にした臨床心理学の基本的なスタンスが「バイオ」「サイコ」「ソシオ」になります。今回はこのスタンスを軸に論じていこうと思います。

ところで、河合隼雄先生の表現を借りるなら、臨床心理学は「人間関係」が主題です。人間は、その漢字のとおり「人の間」に存在します。この豊かな文明に生きているわれわれは、物質的には満足しています。しかし、豊かで便利であるがために、いろいろなことも失っています。われわれは二十世紀で充足性をほぼ完成しましたが、二十一世紀になり気がついたら、失ったものがたくさんあったわけです。

私は週に一度、東京へ行きます。朝八時に家を出て新幹線に乗れば、お昼前に東京へ着きます。そして新幹線の最終電車に乗れば、その日のうちに大津の自宅に帰れます。一日で千キロ移動しているのです。これはたいへん便利なことですが、本人には気がつかない疲れがあり、そうした皺寄せが、二十世紀的文明の残してきた問題だと思います。

そうしたなか臨床心理学は、二十一世紀、もっとも求められるところの人間科学です。人は誰しも「失われたもの」をもっています。別な言葉でいえば、人は「不安」をもっています。これは人間関係における

〈リレーション・ロス〉です。それから〈コミュニケーション・ロス〉があります。そして〈リアリティロス〉、この三つのロス（消失）がある状況なので、臨床心理の専門家が強く求められているといえましょう。

それでは、どのようにして臨床心理の専門家が生まれていくのでしょうか。現在わが国には、臨床心理の高度職業専門人としての資格制度と教育体制があります。十年間でこの心理臨床実践能力の育成を組織化した大学院が一六〇校になりました。そこで教える基本モデルが「バイオ」「サイコ」「ソシオ」という三つのパラダイムから構成されているといえるのです。

こころはどこに？

ところで、こころはどこに存在するのでしょう？　これは非常に大切な問題設定です。これをめぐって近代心理学は発展してきましたが、今日の常識では、こころは脳にあると考えられています。わかりやすくいうと、無限ともいえるほどのたくさん（百兆？）のニューロンが頭のなかではたらいて〝こころ現象〟が生まれるという考えかたです。

この脳科学モデルは〈神経科学モデル〉と呼んでもよいでしょう。「手には神経が通っているため、捻れば痛い」。これが神経科学モデルなのですが、〝心理臨床パラダイム〟では、「愛する美代子さんに微笑みながら捻られた大二郎さんは、痛くなくて心地よいと思うことがある」から複雑になる、ということに留意しなければならないのです。

こうしたことに関心をもつのが臨床心理学なのです。Ａという刺激を与えても必ずしもＢという体験をもたらすとは限らない。ＣにもＤにも、つまり百人の人がいれば百通りの感じかたが生ずるのです。したがって臨床心理学の立場には、脳科学モデルだけではなかなかうまくいかない側面があるのです。われわれは、少なくとも前述した三つのパラダイムＢＰＳの視座で見ていく必要があるのです〔一二五頁の図①を参照〕。

二元論からの出発

そもそも日本のサイコロジカルな眼差しは、今から百二十年前に東京大学（当時は帝国大学といいました）の哲学科で生まれました。元良《もとら》勇次郎という先生が同志社英語学校（今日の同志社大学の前身校）で勉強し、一八八三年〔明治十六年〕から一八八八年〔明治二十一年〕まで五年間もアメリカに留学され、スタンレー・ホールという後のアメリカの児童心理学の父ともいわれる有名な先生のもとで学ばれました。

そして、その帰国後の一八九〇年〔明治二十三年〕に帝国大学（現、東京大学）の初代の心理学担当の教授になられるのですが、このことは、日本の心理学から臨床心理学が発展する「表と裏の原点的特徴」の意味を強く感ずるものがありますので、ここで前もって話しておきたいと思います。

元良先生がアメリカで学ばれたスタンレー・ホールという心理学者は、近代心理学の創始者、ドイツのライプニッヒ大学のＷ・ヴント〔一八三二～一九二〇〕が世界で最初に〔一八七九〕心理学実験室を作りましたが、このヴントのお弟子さんでもあり、アメリカで最初に〔一八八三〕心理学実験室を作った人でもあるのです。元良先生もこのホールの影響を受けられたことは明らかです。実際、東京大学に最初の心理学実験室を作るように、第二代目の東大教授になられる松本亦太郎講師に命じておられます。

この松本先生の話は後述しますが、この心理実験室の創出は、心理学の基本的考えかたとして、今日いうところの自然科学的なアプローチでのモデルであったわけです。つまり、ここで行われる実験は、一定の刺激（原因）を与えると一定の反応（結果）が生ずるということで、誰でも等しく観察して、同一の結果が認められるということです。

スタンレー・ホールに見られる近代心理学のこうした特徴の影響と同時に、もうひとつ注目しておきたいことは、このホールはS・フロイトをアメリカに招待していることです。しかも、ホールの先輩になる人ですが「心理学の原理」という本を出してアメリカ心理学の基礎を作った人ともいわれるW・ジェームスと相い図り招聘したことです。フロイトとは、精神分析学を創始し、今日の臨床心理学の発展に最大の影響を与えた人であることは言うまでもありません。一方、ジェームスという人は、もともとはお医者さんでしたが、心理学の実生活への活用、つまりアメリカ心理学の実践性をもっとも強調し、かつ影響を与えた人といえます。今日の臨床心理学の世界的な発祥の地がアメリカであったことの由来も、実は、このジェームスにあるともいえるのです。

いずれにせよ、百年前の日本の心理学の黎明期には、さまざまの可能性は潜在的にあったにしろ、時代を象徴するように「精神物理学」として心理学は息づいていたといえましょう。十九世紀の科学的スタンスを色濃くもっていたということです。哲学から最後に近代科学として飛び出してきた心理学の宿命といえるかもしれません。元良先生は、帰国された一八八八年にすでに講師として東京大学（帝国大学）で心理学を講義されていますが、アメリカ留学で学ばれた自然科学の立場から心理学を理解する方向性で、それはいわゆる「何らかの原因によって現象という名の結果が生ずる」という二元論的な考えかたで論じられています。十九世紀の学問の特徴を色濃く示しておられます。

たとえば、登校拒否の子どもがいるとしましょう。スクールカウンセラーが「なぜこの子は学校に来なくなったのか」を調べてみると、じつはお父さんが亡くなって学校に来なくなったようだ、と。これは因果律的な理解です。あれだけ好きだったお父さんが亡くなったのだから、うつ的になって学校に来なくなった、などと、もっともらしい理屈はいくらでもつくわけです。お父さんが亡くなったという原因らしきものがあり、学校に行かなくなったという現象が起こっているのは事実ですが、「本人自身がそのことをどう意味づけているか」が、実は心理的にすこぶる大切なことなのです。

とにかく、新しい時代のなかで、いま私が強調したいことは、二元論的な自然科学的認識も大切であるけれども、今日の臨床心理学的な一元論的理解で、二十世紀が落としてきたことをもう一度取り込むことが大切であることを強調したいのです。部分を加算して全体を理解するのではなく、つまりデジタル的ではなく、最初から全体をパッと把握して理解しようとするスタンス、つまりアナログ的とでもいえましょう。六〇分の刻みを長針が示し、その一二分の一を刻む短針の動きから、たとえば長針が12を指示し短針が3を示す場合、これを「午後三時」と認識するのは、デジタル的認識といえましょう。他方、幼稚園児がこの針の位置を見て「おやつの時間！」と叫ぶのは、アナログ的といえましょう。

いずれにしろ、このような認識は「二元論的アプローチから一元論的アプローチへ」ともいえるものです。近代科学の大発展と、その紛れもない事実のすばらしさは、二元論的認識にあったといえますし、百年経った今日、元良先生が黎明期の二元論的自然科学の心理学を論じておられたのは事実なのですが、先生の考えかたに〝一元論的センス〟がにじみ出ているような側面があって、注目しているのです。

近代（明治・大正）アカデミック心理学の主張として、元良教授が、心理的世界も物質的世界もすべて物理的エネルギーの諸変化として、これを一元論的に捉えようとしていたことに注目したいのです。いささか論旨がそれるようですが、日本の臨床心理学史として、その原点は一八八八年（明治二十一年）、帝国大学（東京大学の前身）文科大学（今日の文学部）哲学科で心理学を初めて講師として元良先生が講義された時にある、と私は主張しているのです。臨床心理士養成のための指定大学院で「日本の臨床心理学史」を教えるためのテキスト、として編纂しました『臨床心理学全書 第一巻 臨床心理学原論』（誠信書房、二〇〇四年）でこのことを述べています。ご参照いただければ幸いです。

ところで、ここで、初代東大教授・元良勇次郎先生から二代目教授・松本亦太郎先生の話について、述べてみたいと思います。

アブノーマルを巡って

この元良教授の下には、講師から後に京都大学の初代教授になった松本先生とともに、福来友吉《ふくらともきち》助教授がおられました。この福来先生は『催眠心理学』という大著を公刊（一九〇六）されたことで知られる人ですが、とくに「憑きもの体験」「異常思考」「超常現象」つまり一般にいう千里眼・念写など超能力に深い関心をもっておられ、当時（一九一〇～一九一三）、念写能力をもっている人を対象に、とくに物理学や医学を専門とする第一級の学者（山川健次郎、田中舘愛橘、呉秀三、三宅鑛一ら）を集めての公開実験を幾度もされたのでした。そして日本中で、念写（千里眼）の科学性とその真贋を問う学界の関心事となったのです。

ここまで述べてきた「一定の刺激に対し一定の反応が生ずる」といういわゆる自然科学現象の事実の確認

パラダイムとは対照的な、厚い壁を通してでも見ることができる、一種の超能力と見なされる心理現象に熱心な福来助教授に対して、元良教授は、内心は反対でもなかったようですが「ほどほどにしたほうがよいよ……」と助言をされていました。

こうした学界の紛糾のなかで、元良先生は持病（結核）が悪化してお亡くなりになります。一九一二年〔大正元年〕十二月十三日のことです。先生の後任人事は、助教授であった福来先生も当然にその候補と考えられますが、七ヵ月以上の空白を経て、東京帝国大学講師から京都帝国大学に新設された心理学主任教授になっておられた〔一九〇六年〕松本亦太郎先生が、第二代東大教授として引き継がれることになります。一九一三年〔大正二年〕七月のことです。口さがない関係者のコメントや当時の新聞は、福来博士の不可解な休職が続いたことは松本博士との折り合いよろしからずに由来するなど、いろいろ書き立てています。その二年後の一九一五年〔大正四年〕には福来先生は自動的に助教授を解任されています。おそらくこうしたことの本質は、当時の実証的な自然科学主義のアカデミズムの勃興期に、怪しげな千里眼とか透視とか念写という現象を極度に排除しようとする時代思潮が学界を支配していた事情にあったといえるのではないでしょうか。

興味深いことは、天下の心理学を指導する立場に立った松本亦太郎東大教授が、一九二六年〔大正十五年〕三月、六十歳の定年で退職されてから八年後の一九三三年〔昭和八年〕に公刊を見ている、今日の日本心理学会の機関紙『心理学研究』の旧版ともいえるものの八巻の回想記（「学的生涯の追憶」）で「……事件によって失墜しかけた心理学教室の信頼回復をはかるべく、正常の方法による正常の現象の研究を奨励した」と述べていることです。今日、臨床心理学は、松本先生流でいえばノーマル（正常）ではなく、アブノーマル（異常）を対象としていることになります。日本の臨床心理学の発展に致命的な「負」を背負うことになるのです。「心理学は、正常の現象を対象とすることを旨として、その科学性が担保され、発展する」との考えかたです。東京大学の日本の学問の発展に影響を与える潜在力は相当なものです。

しかし、われわれが〝こころの問題〟を考える場合、喜び、悲しみ、恨み、激怒し、逡巡するなど、さまざまの〝こころの姿〟は、本人にとっても他人にとっても、どこまで正常でどこからが異常であると確定して捉えることができるのでしょうか。私がこうして講演を始めると、二時間でも三時間でも休みなしで喋り続けて倦むことを知らないことがしばしばです。「大塚の講演は異常であるといえなくもない」と判断する人があっても不思議ではないのです。

いわば心理現象は、基本的に相対的・個別的であって、独立的でありながら独立的ではない現象なのです。このことを知ってか知らずか、近代アカデミズムの学問は、とりわけ心理学の本家をもって認じた人々は、「正常」をキーワードにしたのです。この末裔、東大生の皆さんが、「臨床心理士になれない東京大学」と学生新聞の大見出しで報じられたものですから、大騒ぎとなりました。時の総長・佐々木毅先生〔現・学習院大学教授・政治学専攻〕の英断（?）で「東京大学大学院　教育学研究科・総合教育科学専攻・臨床心理学コース」が誕生し、二〇〇四年度〔平成十六年度〕に臨床心理士養成に関する指定大学院として、文部科学省の認可する財団法人日本臨床心理士資格認定協会より認定されました。

いささか裏話めいた話になりましたが、二元論的な自然科学的スタンスの重要性を充分に認識して、その基本的な教養をふまえての、ひとりひとりの人間の生きざま、まさに臨床的にかかわることこそ、つまり一元論的にかかわることこそ、今日のわれわれが指定大学院の実践教育・訓練に資している基本的立場であります。「正常」も「異常」も、われわれの大切な対象であります。

私が六十年前にお世話になった金沢大学法文学部・哲学科・心理学専攻の講座も、東京大学の心理学科を卒業された先生ばかりでした。こころを客観化して捉えようとする思いは、当時、心理学というよりは、これを行動学といって、その行動観察から、もっともらしい行動法則を求める科学として学んだものです。

三種のカウンセラーから臨床心理士へ

今日、本日にしても、沢山の方々がこうして臨床心理士やカウンセリングの課題について学ぼうと集まってくださっていますが、カウンセリング(人のこころの問題について相談に乗る専門家)は、実は、ずっと昔からおられました。少なくとも近代化が始まった百二十年前くらい以降、五十年間くらいに限ってみても、小学校の校長先生や、お寺のお坊さんや、村や町で開業しているお医者さんたちが、立派な庶民の相談役、カウンセラーとして活躍されていたのです。教育の専門家、道理(倫理)の専門家、身体の専門家が、それぞれの専門を軸として、見事な一元論的アプローチを巧まずして演じておられたのです。アメリカでも、コンサルティング・ルーム *consulting room* を「相談室」と訳すのは誤訳で、「診察室」こそ適訳なのです。

文明の急速な発展は、この二、三十年で生活環境を一変させました。校長先生はＰＴＡと組合の狭間で硬直され、聖職者から教育労働者になられました。お坊さんは葬儀を専らとする多角経営者に、お医者さんは赤血球の数よりも健康保険の請求点数に関心が専らとなりました。文字どおり、この三人の方々は、今日いうところのプロフェッショナルな専門家、語源の意味から高度職業専門人《プロフェッション》であったのです。聖職者でもあったのですが、実務内容の複雑化と多様化、前述の文明の驚異の発達と普遍化は、三人の聖職者の役割をわれわれの前から消退させていったのです。

ここに今日、こころの支援者として、教育者でも宗教家でもない、医師でもない、心理臨床的援助を専らとする臨床心理士が登場し、また、それを求める社会的状況が生まれたのです。ただし、誤解のないように附言しておきますが、今日ただいまでも、人々から尊敬され頼りに値する実に立派な方々が、学校の先生にもお坊さまの世界にも医師の先生にもたくさんいらっしゃることは、いうまでもありません。強調したいのは、文明の発達に比例してそれぞれの専門でも、またその利用者の人々も、〝こころの問題〟に特化した専門家を求める時代になったということです。

バイオ・サイコ・ソシオ（BPS）と最初に申し上げた、臨床心理士に求められる、いわば今日的な意味で学校の先生らしい側面も、お坊さんのような深い学識と道徳観も、お医者さんのような生理・心理的な知識を統合させての専門家を求める時代になったといえましょう。学校の先生は、すべての児童・生徒の教育を引き受けて、がんばってこられました。明治時代から大正にかけて、世界に冠たる児童教育を誇っておられました。先生方の誠実で優秀な指導力と教育力には本当に敬意を払わずにおれません。しかし今、学校現場に異種系として臨床心理士がスクール・カウンセラーとしてコミットするようになったことは、臨床心理学の実践性を具体化するパラダイムとして定位させてきた、バイオ・サイコ・ソシオの三つの専門的視座からの児童・生徒たちへのはたらきかけそのものがあったからではないかと思うのです。

二元論を無視しない「二元論から一元論への視座」。客観的事実のみを対象とする三人称的アプローチから「関与的な二人称的アプローチへの視座」。デジタル的世界から「アナログ的世界への再認識」をふまえ、今日の核心のテーマに進みたいと思います。それがすなわち、ＢＰＳに加えての《スピリチュアルな世界》への注目です。

ものの見かた　人間のとらえかた

次頁の「臨床心理学を成立させる多面的なパラダイムの特徴とその統合図」〔図①〕を参考にしていただきたいと思います。この図は私の編著書『臨床心理学全書 第一巻 臨床心理学原論』〔前掲書〕に使ったものです。複合科学、周辺・境界的科学ともいわれる臨床心理学は、その特徴を多様なパラダイムやモデルから理解することの有用性を認識させ、これを図示したものの再録です。ところで、すでに何回も述べてきた「パラダイム *paradigm*」という言葉は、辞書的には「典型」「範例」といった意味ですが、学問的な用いかたは、「特定の学問領域の時代的に支配的な対象把握の方法」に関する言葉であるといえるのではないでしょうか。

したがって臨床心理学には、その実践人間科学として、先ほどから何回も挙げている、「バイオ〔生理・医学的なパラダイム〕」つまり現代の生理学的・医学的視点からクライエント〔来談対象者〕を理解し、かかわっていこうとする立場がひとつあるということです。第二は、われわれの中心的立場である心理臨床的視点からのかかわりです。第三は、クライエントをとりかこむさまざまの生活環境に関する、他者や、物や、習慣・制度など、社会的視点から捉えていこうとする立場です。そして、それぞれのパラダイムには、またそれぞれに固有な学問的手法・理論にもとづく、一種の把握様式ともみなされる「モデル *model*」があるとの認

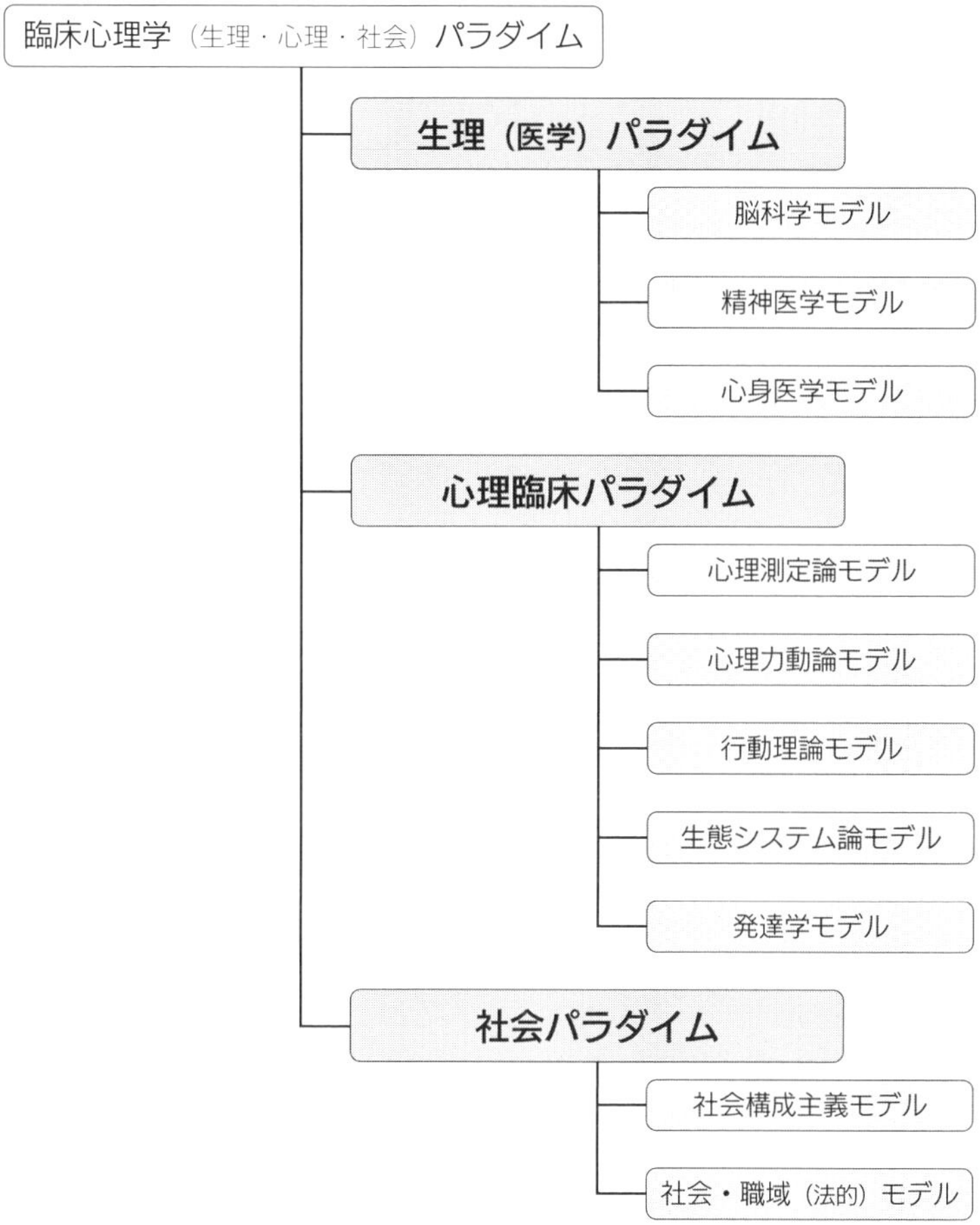

図①　臨床心理学を成立させる多面的パラダイムの特徴とその統合図：a

識から、これを示してみました。「パラダイム」は「モデル」の上位概念（言葉）として理解していただいたらよいと思いますが、あまり硬く考えないで活用してくだされぱよいと思います。

生理（医学）パラダイム

バイオの世界で最も注目したいのは、最初に示した〈脳科学モデル〉といえます。今日の、「こころ」と「ニューロン」つまり人間を人間たらしめている確かな在りかは、百兆個ともいわれる脳神経細胞（ニューロン）が機能して、われわれの思考や感情や欲望、つまり〝こころ現象〟と不可分に関係していることを示唆しています。日進月歩のこの領域の新しい知見は、われわれにとっても無関心ではおられないものがあります。はるか宇宙の創造から地球の誕生、タンパク質の生成、生命体の創出を経て、三十億年余りの経過の果てに、現代人の祖先の誕生をみています。それだけを考えても見果てない夢のように拡散させかねない思いにさせますが……。この自分自身が、自分であることをしかと確認させる意識（こころ）と、その機能を担保するニューロン科学は、脳が〝こころ〟をつくるのか、それとも〝こころ〟が脳を機能させるのか、いわゆる「心脳相互作用」説は、私の考えを刺激させます。

最近のリアルタイムに脳の働きを知らせるｆＭＲＩ（機能的磁気共鳴画像法）の知見を考えてみても、古典的な従来の感覚中枢や運動中枢といった考えではなく、システム相互のコミュニケーション、つまり部分よりも全体的に、脳（こころ）のありようを示唆しているようで、注目されるのです。とりわけ、意識を「ニューロン集合体」という新しい概念で捉え、ひとつの外的刺激に対してニューロン同士が集会を開くように集まったり解散したりして、時々刻々に参加するニューロンが増えたり減ったり、集合場所が変わったりして、意識のありようを理解しようとしています。この考えかたは明らかに意識の中枢を否定する考えかたで、こころと脳のありように示唆を与えずにはおかないものです。

次に〈精神医学モデル〉や〈心身医学モデル〉が、バイオの視座を特定させます。ある意味で、従来からの医学の実践活動の特徴から、明らかに生物学的な面からのアプローチと、臨床心理学的な立場からの二大側面からその特徴を同定することができるのです。

前者は「生物学的精神医学 *biological psychiatry*」ともいわれ、一九六〇年代以降、薬物の多面的でかつ長足の進歩をみて、精神病に悩まれる多くの人々を相当に長期入院の病院生活から解放させました。しかし、他の身体疾患のように因果律的に病状を完治させることは、必ずしも充分ではありませんでした。

〈精神医学的モデル〉は、その臨床心理学的アプローチにも無関心ではありません。つまり、この後者の特徴は「力動精神医学 *dynamic psychiatry*」といわれる立場です。フロイトの精神分析学的アプローチは、こうした考えかたの原点的意義を担うもので、精神病理学の知見として、臨床心理学の深化と発展に不可分の関係をもつことになります。一口でいえば、これは、悩むこと・病むことの「意味」「言語化」への営みともいえましょう。深層心理学 *depth-psychology* や無意識心理学といわれる領域からの〝こころ〟への照射です。

私は、精神医学者で深層心理学者と自認したハンガリー出身で後にスイスに帰化したL・ソンディ〔一八九三〜一九八六〕博士の「運命分析学 *Schicksalsanalyse*」や「衝動病理学 *Triebpathologie*」そしてこれらの主張を実験的に明らかにしようとした「実験衝動診断法 *Experimentelle Triebdiagnostik*」いわゆるソンディ・テストを学び、私自身の心理臨床パラダイムを構築して参りましたが、これらの精神医学における深層心理学的センスを無視して私の臨床心理学を語ることはできません。

さて、その次の〈心身医学的モデル〉ですが、こころの問題が身体症状にあらわれてくることへの視座からの接近です。心理的に、たとえばある人へ強く深く想いを寄せて胸が痛くなるのも、一種の心身症の原形です。胸の痛みとは、われわれに、その人のこころを胸が痛くなることによって語りかけるものであり、一種の「身体言語」といえましょう。さまざまの身体症状に、医学の専らとする生理・病理的現象にみられる特徴を、単純な医学パラダイムのみによって早合点しないことへの視座といえるかもしれません。心身医学 *psychosomatic medicine* はその展開にあたって、「心療内科」といわしめているのも興味深いものがあります。〝こころ〟に淵源を求めて治療しようとする医学(内科学)です。

心理臨床パラダイム

次に中核となる、心理臨床に寄与しようとするパラダイムです。

ここに示した五つのモデルのトップに掲げた〈心理測定論モデル〉は、自然科学的世界と無縁(?)な哲学から決別して最後に仲間入りした心理学が、初めて実生活に直接に寄与する自然科学的アプローチとしての成果を示した、記念碑的事実をふまえてのモデル論です。つまり、心理現象としての、われわれの知的能力に関する客観的評価法の手法を考案し、実社会に初めて寄与した実質を、文字どおりモデル(模範)として命名した姿です。

どれだけ速く問題を解決するのか(スピード)、どれだけ困難な課題を解決するか(パワー)、の視点から年齢段階別に設問し、その通過率から「精神年齢」という画期的な心理的概念を創出したのです。こころ現象（知能）を客観的に測定（計量）しようとしたのです。フランスの心理学者ビネーが内科医シモンの協力を得て考案した「異常児の知的水準診断の新方式」という知能測定尺度です。「ビネー法」知能テストとして今日でも世界に広く普及する原点の話です。

ビネーは一九〇五年にこの論文を発表していますが、興味深いことは、日本の臨床心理学の発展のプロセスで、この論文を最初に訳して紹介したのは、東京帝国大学の精神科医師・三宅鑛一教授です。ビネーの発表後三年経つか経たないかの一九〇八年（明治四十一年）のことでした。しかも日本版最初の「ビネー法」を本格的に標準化したのは、「鈴木・ビネー知能検査」で有名な、小学校の教師であった鈴木治太郎先生でした（一九三〇年・昭和五年）。日本の心理学者は誰も関与していない、ということでまことに複雑な思いになるのは、私ばかりでないと思います。話はそれましたが、心理学者がこのテーマに本格的にかかわるのは、東京文理科大学（東京教育大学、現・筑波大学）の田中寛一教授で、一九四三年（昭和十八年）のことです。それが「田中・ビネー法」知能検査です。日本の心理学者は十三年遅れて臨床心理学的な実践活動に登場するのです。

大二郎君に思いを寄せる美代子さんが、大二郎君に『百回「愛している」と言ってください』と言ったとき、はたして大二郎君は本当に百回言うでしょうか？『言わぬが華だよ』と言ってウィンクのひとつもすれば、美代子さんは大感激しそうです。ことほど左様に、われわれ人間のこころは、量（数）によってのみで評価されるものではないことを知る精神が大切です。それが次に注目される〈心理力動論モデル〉です。知能の測定から性格の診断へ、その手法を深化させた姿です。ロールシャッハ法にみるさまざまの特徴が、その測定的手法を原則としながら、個別的な一回限りの反応、つまり心的反応のアリバイ（証拠）として、その図版反応の意味を問う過程に注目するのです。いわゆる投映技法に特化される多様な心理テストに限ってみても、この投映法は「正解のないテスト」といえるように、デジタル的ではないのです。アナログ的なのです。1足す1が必ずしも2にならない世界です。

この心理テスト技法に限らず、さまざまの〝こころの意味〟を問うかかわりを通しての人間理解への通路は、フロイトが切り開いた精神分析的まなここに由来する「無意識」というキーワードを通じて、動的、つまり力動的観点から把握するのです。測定から力動へ、この力動論にみる「メタ心理学 *meta psychology*」的アプローチは、いわゆる客観的な観察可能な対象となり得るものではありません。フロイトの命名した「メタ」とは、「超」や「変化」を意味します。いわば仮説の仮説に似て、二十世紀後半を支配した客観主義や素朴な自然科学精神は、誰でもが観察可能な、再現可能性をもった対象を旨として。したがってまた、それらは定量的に把握できる現象として認識しました。改めて臨床心理学の力動的な視座が批判され行動学といわれるかかわりが強調される状況も生まれました。

測定から力動へ、そしてまた測定(行動)に揺り戻した感もありますが、次に、第三番目に掲げた〈行動理論モデル〉です。この視座にみる行動療法は、純粋(?)な行動観察と刺激 - 反応システムから、行動の変化を期待してかかわりをもつわけです。今日この行動療法から認知行動療法の活用をみることが多くなっています。ただ、その有用性をいささかも無視するものではありませんが、クライエントと治療者(臨床心理士)の生の相互関係によって、これらの援助技法が、その有用性に決定的な影響を与えていることを忘れてはならないでしょう。実際に、認知行動療法の対象となる「認知 *cognition*」とは、クライエントが自己自身をどのように認識し *recognizing*、理解し *conceiving*、判断し *judging*、推論し *reasoning*、記憶し *memorizing*、思考する *thinking* か、きわめて意識的知覚過程にある対象者であるからです。

第四番目に示した〈生体システム論モデル〉とは、ここまで示してきた医学や心理学に直接的に包含されてきたモデルとは異なり、生態学 ecology、つまり生き物の生活に関する学問から導き出される人間の生態（生きざま）と、それを取り巻く環境（人と物と習慣・制度）との相互関係の人間科学といえましょう。家族心理学やその実践活動にみる家族療法の知見は、たとえば、家族の人間関係を一つの生態システムと捉え、家庭内暴力など、さまざまの悩める問題を単に個々人の内にあるものとは考えないで、それらの問題に関連する家族成員の相互作用に関する流れ（コンテクスト・文脈）に発生する特有の現象と考えます。

生体（家族）には、常に内的状態を一定に安定した状態に維持しようとするホメオスタシス homeostasis がはたらいており、つまり恒常性を維持しており、それに臨床心理士がどうかかわっていくかの視座は注目されます。

二十世紀は「子どもの時代」といわれ、また「家族の時代」といわれました。かつての夫婦の役割分担では、夫は外で働き（狩に出て）、妻は家庭を守って子育てに努めました（巣の守り）。家族心理学の臨床的対象様態の原点像といえましょう。しかし今、先進諸国、とりわけ日本の実情はどうなっているでしょう。家族療法はカップル療法と変わって、その恒常的・歴史的存立を危機に追いやっています。晩婚化は社会の趨勢の如く常態化しています。他者との豊かな関係を通じての自己実現を願う人間的願い（欲望）は、気がついてみると、人とのかかわりを回避することによって、個の満足を満たしたようです。しかし長くは続きません。豊かさの孤独という名の悲劇に病んでいるのです。

この生体システムの示唆するモデルは、第三の柱として示している〈社会(ソシオ)パラダイム〉への視座にも深く結びついていることに留意しておきましょう。

次は、心理臨床パラダイムの第五のモデルとして掲げた〈発達学モデル〉についてです。

実は、心理臨床の実践家(今日の臨床心理士の先達)が、各家庭の子どもたちの心身の健やかな生長を願って国の施策として生まれた(一九六一年)、保健所の実施する三歳児健診。さらに一九七七年からは一歳六ヵ月健診の制度化によって、多くの児童心理や発達心理の専門家たちがかかわるようになりました。また小児科医や児童医学を専門とする精神科医師との、今日いうところのコラボレーションが展開しました。

さらに今日の脳神経科学の知見の広がりと深化によって、従来からの発達障害は相当に明確になりました。しかし、さまざまの発達障害に対して、確かな脳障害の特定化と治療改善の手法が充分に用意されてきたかといえば、ほとんど否といわなければならない未開拓の厳しい世界なのです。いわば、母体の中にあった胎生期の親や家族のかかわりを含めて乳幼児期から学童期にかけての「発達」の流れをキーワードとして、子どものありようと、大人の子どもへのかかわりの実態の理解に資するモデルといえましょう。

狭義の知的障害と広汎性発達障害の専門的診断はほぼ明確に区別されたとしても、その知見がどの年代で同定されたかを知ることは、実に大切なことです。知的障害を伴わない自閉症を「高機能自閉症」「アスペルガー障害」と同定されたとしても、常に、その子どもの発達経過をふまえての理解に努めなければならないからです。しかも、狭義の知的障害児であっても、適切な養育環境にあった場合、必ずしも、ネガティブな生涯を送らなければならないといった致命的なものではありません。

〈発達学モデル〉は、たとえば、自我心理学に洞察された、フロイトの娘さんであったアンナ・フロイトの指摘した、さまざまの防衛機制の理解や、ボゥルビィの愛着理論、E・H・エリクソンの生涯発達理論などに対する、脳神経科学的視座からのアプローチをふまえた統合的な理解も、また注目すべきことではないかと思うのです。

社会パラダイム

次に第三の柱としてのソシオのパラダイムに注目したいと思います。

今日の話のなかでは、医学・生物学的パラダイムとして第一に掲げた、すぐれて個人の身体的・物質的な視座から、漸次、個人の内なる心理的側面に、しかもそれらは次第に、家族心理学的な二人以上の人間関係に見られるエコロジカルな、つまり環境との関係をも視座に入れたモデル（考えかた）を示してきました。したがってここで述べようとすることは、この「環境」についての明確化されたパラダイムに関することです。〈社会構成主義モデル〉と〈社会・職域（法的）モデル〉がそれです。

〈社会構成主義〉とは、狭義には、一九六〇年代にフランス哲学界で強調された、哲学者フーコー *Foucault, M. (1926-1984)* の考えかたが、反精神医学の社会運動過程で注目されたことに始まる、新しい考えかたです。

「太陽は東から昇る」という認識は、皆さんにとっても私自身にとっても、大真理です。しかし近代自然科学の認識モデルは「地球は太陽の周りを回っているのだからそのように東から昇り西に沈んでいるように見えるだけの話だ」と捉えます。そこで「社会構成主義」は、ただそう見えるだけの話ではないことに気づくことが大切であるというのです。

つまり、この気づきのモデルこそ重要で、この主張は、われわれの認識のすべては一つのヴァージョン *version* とみなして捉えます。ヴァージョンとは、ある一つの立場から説明したり理解して主張する意味をもった言葉ですが、この「社会構成主義」の見解は、唯一無二の真理があるのではなく、真理とは、さまざまのヴァージョンの相対的な考えから把握すべきというのです。太陽は東から昇るとの認識は「体験的ヴァージョン」であり、地球は太陽の周りを回るとの認識は「科学的ヴァージョン」であるというのです。ここまで述べてきた「二元論的理解から一元論的理解へ」のセンスの人間科学にとっての重要性に加えて、実に示唆的な主張のようにも考えられます。

この考えかたから生まれたものが、家族療法の技法の一つの物語療法(ナラティヴ・セラピー)というものです。そこでは、クライエントが語る言語を通じての、彼自身の社会的・言語的に構成される「言葉」の意味は無視できません。今回のカウンセリング講座の講師の一人である岸本寛史先生も、医師の立場から、このナラテイヴ・セラピーに、貴重な心理臨床的センスを語っておられますが、ここで今日の臓器移植をめぐる示唆的な話に注目したいと思います。つまりここで、臓器移植において「私だけの物語」が展開されていることに注目したいのです。

日本では、事故か何かで死に瀕したときに、当人が、好意を寄せる美代子さんや親きょうだいの誰かに自分の心臓を移植というかたちで提供することを、生前に同意していても、家族や直近の関係者が反対すると、なかなかスムーズに移植されにくい別の問題があります。それはともかくとして、大二郎さんの心臓がうまく移植された場合、大二郎さんは、美代子さんの世界に生きることになりますし、とりわけ、美代子さんの生きる歴史（ヒストリー *history*）は、文字どおり彼の物語は、唯一無二の生（いのち）を語る「心理臨床的世界」をわれわれに示してくれるように考えられるのです。

この事実に関連して、老練な移植外科医が移植失敗例の報告で「今回の事例は、移植しようとした心臓がまったくよろしくなかったからだ。心臓という名のポンプが悪かったのです……」と言ったそうです。そして会場では「うぉー」という、つぶやきともため息とも何ともいえない反応が雰囲気を支配したそうです。つまり、ポンプの移植と思った二十世紀の科学的ヴァージョンで納得する人もいたでしょうが、人間科学として、この心臓移植行為過程にみる生々しい「その人の物語（歴史）」といえる、体験的ヴァージョンとしての理解軸から「うぉー」とつぶやき、ため息をついた人の思いは、無視できないのです。移植技術や不妊対策技術などの一種の長足の進歩は、好むと好まざるにかかわらず、心理臨床の今日的テーマとして避けて通れない関心事にいざなうのです。社会（ソシオ）をキーワードとするパラダイムの実相です。

次は二番目に掲げてある〈社会・職域（法的）モデル〉についてです。

物語療法に示唆されるように、好むと好まざるにかかわらず、個人が生きるということは、彼を取り囲む社会と、それを存立させるための法制度や、さまざまな職域の法規制から逃れることのできないという事実にかかわって、はじめて体験される領域です。

教育に関する学校制度ひとつ考えても、このことはすぐに御理解いただけると思います。学校の先生も一定の法規制にもとづき、その専門行為が定められています。その先生の対象となる児童・生徒らもすべて、一定の社会的法規制によって枠づけられています。先生・児童・親・教育委員会の人々という四種の人間関係に、スクールカウンセラーがどうかかわるのか？　われわれが臨床心理士養成に腐心する日々が続く事実を挙げるだけで合点していただけると思います。加えて、いじめや校内暴力、果ては社会的犯罪行為、さまざまの非行問題は、心理臨床の活動にみる臨床心理士の伝統的ともいえそうな専門分野です。

しかし今日の、こうしたモデルにみる一種のネガティヴな者への支持に対してのみならず、被害者への支持は、この分野での新しい側面といえます。しかも、狭義のカウンセリング的かかわりから、コンサルティング的かかわりを旨とし、その多面的な資質の適用が望まれているのです。カウンセリングもコンサルティングもともに「相談」することですが、一口でこの差は、前者のカウンセリングは、本人の問題について相談するというところにあります。コンサルティングとは、専門の異なる人（たとえば学校の先生）が臨床心理士に児童の親の暴力行為について相談すること、つまり、直接に得意でないことについて相談することです。これらの専門行為は必然的に、人々がお互いに関係して生活している、いわゆる地域社会（コミュニティ）の「こころの支援」活動に収斂する性質をもっています。

臨床的事実が、何らかの個人にとってのネガティヴな現象であるとするならば、その改善を図るためには、そういうネガティヴなことが生じないようにあらかじめ努力する必要が求められるのです。つまり、その求められることとは、さまざまの集団の場（家庭・学校・会社・地域など）の「こころの健康」活動に努めるところにあるといえましょう。医学における個人ひとりひとりの身体の健康には、病気にならないようにあらかじまさまざまの予防活動、つまり保健衛生活動に資するのと、類似した領域といえましょう。

以上、〈職域（法的）モデル〉の特徴を示してみた次第です。

スピリチュアルなパラダイム

図②のパラダイム一覧を見ていただきたいと思います。

これまで縷々解説してきた三つのパラダイム・十種のモデル【図①】に加え、四つ目のパラダイムに進みたいと思います。また、その下位領域としての二つのモデルを加えた図に注目したいと思います。

このような言いかたをすると、臨床心理学が硬直した枠組に支配されているように思われる方もおられるかもしれませんが、そういう早合点はなさらないようにお願いしたいと思います。基本的に臨床心理学は、ここに掲げた医学や生理学や生物学や社会学と重なりあいながら、その実践性を明確化して努力してきた、一種の境界統合科学であるといえる特徴があるのです。しかも二十世紀の百年を経過して、それを支配したいわゆる自然科学の落として（無視して）きたものへの留意（同じ条件では同じ結果が生ずるということが必ずしも真であるとはいえそうにないということ）から、そして、極めて相対的なものがあることの認識から、図示されるのが、図①であり、図②なのです。

超自我モデルとスピリチュアル

キーワードとして、バイオ・サイコ・ソシオ（ＢＰＳ）に加えて、《スピリチュアル・パラダイム》といわれるものを掲げました。その特徴を支えるモデルには心理臨床実践に基本的な大きな影響を与えたＳ・フロイトの精神分析学に由来する心的装置仮説にみる「イド・自我・超自我」、とりわけ超自我に想定される心

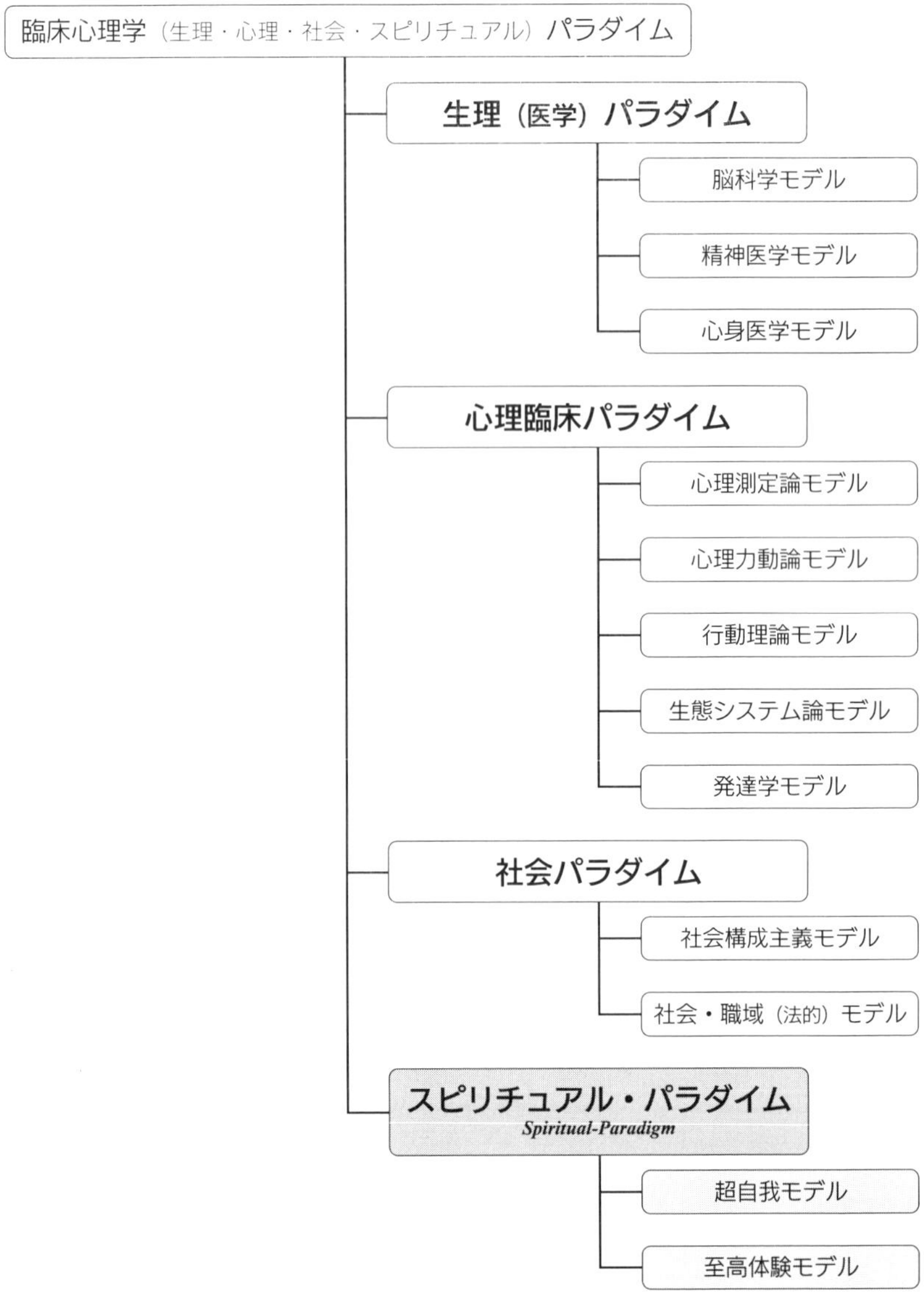

図②　臨床心理学を成立させる多面的パラダイムの特徴とその統合図：b

的機能は、人間理解のさまざまの主張と見解に凝縮されて、われわれ専門家に提示されてきました。

　精神分析学派的な詳細な理論や主張にこだわらず、広く体験的に自覚される、自己自身、自分を主張する意識の確かな存在感の中枢として、自我 *ego, Ich* を想定するとき、この自我の健常な内的外的刺激に対応して、「コントロールする機能（意識）」作用を超えて、自分自身の意識的心情（欲求や思いなど）を、禁止したり、促進させたりすることがありますが、これを自我機能のひとつとして、とりわけ超自我 *super-ego, Über-Ich* と特化しました。「良心の座」「道徳律の座」ともいいます。

　たとえばロジャーズの人間性心理学の一派とも考えられるアメリカのマズロー（一九〇八〜一九七〇）は、人間の心理的な健康において、「成長すること」の側面に、より注目することを主張し、有名なトランス・パーソナル心理学を構築しました。トランス *trans* とは「超える」ということです。パーソナル *personal* は「個人」つまり意識する自分自身といえましょう。したがってこのマズローの心理学は、自己超越心理学といえるもので、基本的にフロイトらの想定した超自我と重なる領域といえましょう。

　自我機能的理解は、良心の呵責に病む姿に、そのメカニズム（機能）の実際を充分に説明できるものをもっているといえましょう。トランスパーソナルな立場からは、自我以前 *pre-peronal* から、個人性 *personal* をも超えて、絶対者（たとえば道徳具現者）といった、全人者へのアイデンティティの確立、つまり自己超越 *transpersonal* のレベルまで到達することができる認識といえましょう。

　実は、私が長年、心理臨床理論の基本的パラダイムの一角として勉強してきた、S・フロイト、C・G・ユングに次いで第三の深層心理学者と呼ばれた、L・ソンディ（一八九三〜一九八六）の主論である「運命分析学」（運命心理学）が参考になるのではないかと思います。

運命 *das Schicksal* とは、一口でいえば、自分自身では如何ともし難い「宿命」などといわれる世界のことです。図③では、Ⅰの遺伝、Ⅱの衝動性質、Ⅲの社会環境、Ⅳの精神的環境(たとえば自分の話している母国語など)を「強制的に選ばされている運命 *Zwangs-schicksal*」と呼んでいます。それに対してⅤの自我やⅥの魂は、自由・自我運命 *Freiheits-oder Ich Schicksal* と言っています。留意したいのは、第Ⅵ番目に挙げている魂 *der Geist* の世界です。「個人ひとりひとりが固有に培い育ててきた信念や信仰へのこころの座」と想定していることです。

これに関連してソンディが、ロールシャッハ・テストのように独自に考案した心理テストに注目したいと思います。このテストは、四八枚の衝動疾患患者(種々の精神病・神経疾患者)の顔写真の好き・嫌いの心情から、それぞれ二四枚ずつ選ばせて、その意味を問う(明らかにする)一種の投映技法による心理テストです。このテストで、ここで注目している、自我機能の最も高潮し充実した「魂 *der Geist*」を具体的に示すテスト所見が、「Sch＝±±」という反応像で示されていることです。このテストをご存じない方は少しわかりにくいと思いますが、まず、このテスト所見の教科書的解釈を見てみますと、「架橋者自我(あらゆる対立する欲求と対象を昇華的に統合して適応しようとする緊張像)」とあります。要するに、魂や霊的な全能的な精神の抑制された高揚感にあることを示しているのです。げに〈超自我モデル〉に対応する、心理テスト所見で把握することのできる貴重なものであるともいえそうなのです。

詳しくは私がまとめて公刊している『衝動病理学 [増補] ソンディ・テスト』〔誠信書房、一九九三〕を少し勉強していただくとよいと思いますが、この「架橋者自我」の架橋者(ポンティフェックス *Pontifex*)とは、ソンディの援用造語で、もとの意味は、古代ローマでの施設建築や橋の維持を主な仕事としていた司教者のことです。生々しい現実から超越的な魂に内在する、対立するもの(たとえば悪と善)の統合機能(橋を架ける)を司る司教

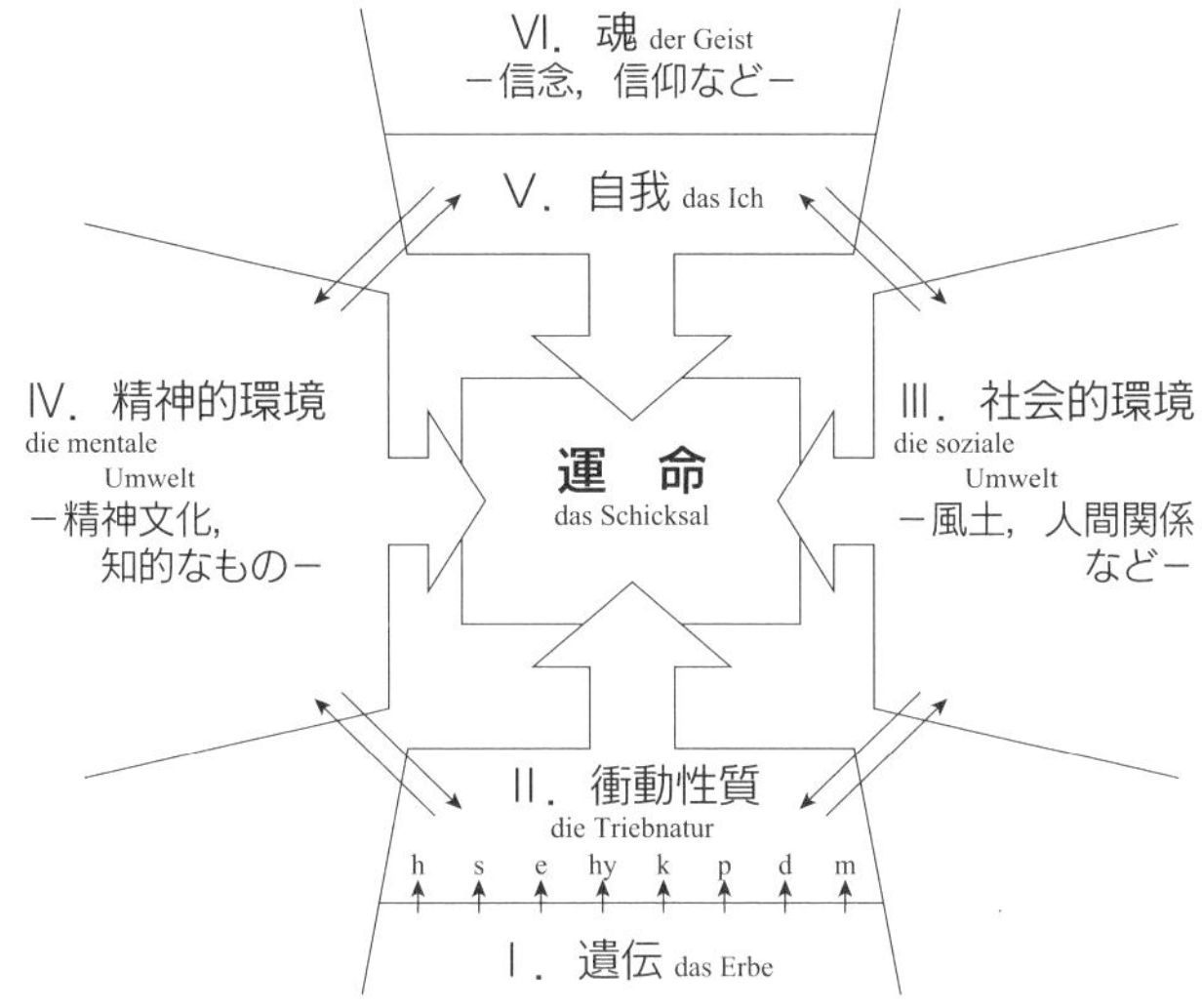

Ⅰ．Ⅱ．Ⅲ．Ⅳ．—— 強制運命 Zwangsschicksal
Ⅴ．Ⅵ．—— 自由・自我運命 Freiheits-oder Ich Schicksal

〔Szondi,L. (1956)，大塚義孝(1968)より〕

図③ 運命と六つの規制要因

者がポンティフェックスなのです。

もうひとつ述べておきます。テスト所見の「Sch＝±±」についてです。Sch とは統合失調症 *Schizophrenie* から援用された概念記号で、これを自我衝動と呼称し、性衝動（S）や生活接触衝動（C）や感情衝動（P）の三つの他の衝動を統合する、人間を人間たらしめている中心衝動に位置づけています。しかも、この Sch 衝動、つまり心理テスト的にはk因子とp因子の二種類から構成され、前者（k）には従来いわれていた精神分裂病中核群の患者の顔写真、後者（p）には辺縁群とみなされるパラフレニー（偏執病）やパラノイア（類偏執病）の患者の顔写真で構成されています。k因子は現実世界に関するもの、p因子は理想世界に関するものです。±の記号の＋は、プラスで、当該写真を好きとして選択した肯定傾向のあかしです。－はマイナスで、嫌いと選択した否定傾向のあかしです。±はまさにプラスとマイナスが拮抗した緊張状況を示唆するわけです。したがって「Sch＝±±」とは、自我領域の全機能が動員されて、内なるものと外なるものへのあらゆるものを統合してかかわろうとする、まさに、ここでの視点は、〈超自我モデル〉そのものをわれわれに語りかける選択（写真）言語といえましょう。

至高体験モデルとスピリチュアリティ

ところで、この〈超自我モデル〉は、ここで述べた専門家に限れば、フロイト一派の方々の考え方に対応しますし、マズローの考え方にも重なる面をもっています。つまり心理的作用として感じとった「こころの機能」ですが、これとは別に、ここで注目したこれらの上位概念としての《スピリチュアル・パラダイム》を構成するモデルとして挙げた〈至高体験モデル〉にも注目しておきたいと思うのです。この体験モデルは、主張者自身が自ら体験することによる理論構成で、たとえばC・G・ユングにみるヌミノース*Numinose*体験は、その典型的な、心理臨床に寄与する人間理解への一側面ではないかと思います。ヌミノースとは、ドイツの神学者オットー*Otto, R.*が、神聖な神の世界に道徳的なニュアンスが含まれる「聖なるもの」の言葉"das Heillige"をさけて命名したものといわれています。つまり、一種の宗教的な高揚感情に特化されるのではなく、その背景にある非合理的な、価値中立的な、心理体験として注目した概念です。ユングは一九四四年、六十九歳のとき、脚の骨を折り、また心筋梗塞に襲われ、病床にあっての幻想が筆舌に尽くし難い喜びの「至高体験」であったと言っています。こうした体験はいわゆるヌミノース体験として同定されますが、ユングは、人類に普遍的にあるとする集合的無意識の内容として、いわゆる元型*archtype*を仮定し、意識水準の低下、つまり意識の変性は、このときにヌミノース体験として現れると言っています。

〈超自我モデル〉に対する〈至高体験モデル〉を加えて、ここに《スピリチュアル・パラダイム》を同定しましたが、私自身も二年前（二〇〇六年十一月）、臨床心理士の当該年度の資格認定試験の評価作業をオーガナイズし進めている緊張過程に、急性の出血性胃潰瘍で入院し、意識朦朧のプロセスは、静謐で、独りぽつねんと病室のベッドにあって、天井を見上げる仰臥の状態にあったときです。クロス貼りの十畳ほどの広い天井を背に、はっきりと観音像の姿を、ちょうど祭りの曳山の大きなからくり人間が街頭の人々を見下ろすような感じで認めたものです。明らかにその観音像は、法隆寺に伝えられた百済観音菩薩像の腰から上の姿でした。うつろな衰弱の過程にあって、一瞬なにもかも失念して、その御仏《みほとけ》との無言の対話のような時が流れたように思います。生身《なまみ》の観音半身像と言い切れるものではありません。しかしそうは言っても、木造の文化財としての塑像が天に屹立している状況とは無縁であったことは確かです。観音像出現状況はまさに、これ以上でもこれ以下でもありませんでした。ただ漠然とした静謐のなかで、いわば一種の抑制された至高体験のプロセスであったようです。臨床心理学の立場から、このことは明らかに一種の神秘体験であり、ヌミノース体験といえましょう。いわゆるスピリチュアル・エマージェンシーの現象といえると思います。

〈超自我モデル〉で語られること、〈至高体験モデル〉で語られるもの、これらをまとめて、本日の主題である「心理臨床におけるスピリチュアルな世界」への注目として強調してきました。

臨床心理学の実践科学としての基本的原理に関しては、二十世紀の世界の最大の成果が二元論的な客観的・計量的・デジタル的アプローチを旨とし、心理学においてもこの考えかたを旨としてきたところに重大な陥穽（落とし穴）があることへの気づきを通じて、ここまで一貫して私は、こころを病む人々、こころの充実を願う人々へのかかわりを強調してきたつもりです。

とくに日本の文化は、八百万神《やおよろずのかみ》は健在のようでありながら、たてまえの認識では世界一の無神論を主張してはばからない、実に不思議な意識構造をもっています。クライエントにかかわり、その人に影響を与える専門家として、臨床心理士の専門行為を特化して、本日のお話でこれを四つの視座〈パラダイム〉として示したのも、この日本的な認識構造への可能な限りの提示像といえましょう。実際、たとえばシャーマニズムにみられる一種の変性意識状態への注目は、けっして低級な未分化な神がかり行為とみなすべきではないと思うのですが、日本の専門家に、こだわりのないアプローチをする人の少ないことに、私はこころを曇らせています。いささかオーバーにお聞きの方もおられるかも知れませんが、ここで改めて強調したいのは、心理臨床実践の有用性を一層促進するための手立てとして、《スピリチュアルなパラダイム》へのセンスを臨床場面へ取り込みたいということです。

実際、日本向けの情報として格好の提言があります。一九九八年開催の世界保健機構〈WHO〉第一〇一回執行理事会で、人の「健康」について定義を刷新しようということになり、「スピリチュアル」と「ダイナミック」という二語を加えようという提案があったのです。全文を日本訳で紹介しましょう。

健康とは、完全な身体的・精神的・スピリチュアルなものと、社会的福祉の展開されているダイナミックな状態であって、単に疾病または病弱ではないということではない。

この提案は、いわゆるイスラム教圏のエジプト、イラン、サウジアラビアなど十三ヵ国からのものでした。この第一〇一回理事会では、賛成二二・反対〇・棄権八で、翌年〈一九九九年〉第五二回WHO総会〈一九一ヵ国の加盟〉で審議されることになりましたが、結局、他の緊急性のある案件があり、事務局長あずかりとなりました。大山鳴動ネズミ一匹も出ませんでしたが、「スピリチュアル」という概念に含まれる超越的なニュアンスに感じとられる、人間に対する謙虚な心的態度から導き出される健康観への視座は注目されます。

余談ですが、日本はその理事会で「重要なテーマであり、もっと時間をかけて議論すべきである」との理由で棄権しています。いかにも日本らしいスタンスで、いささか迫力を欠いています。一方で、日本の早とちりは、この「スピリチュアル」をどう訳すべきか苦労されたとかいう裏話があるのも興味深いところです。「霊的」などとすると、日本ではまったく受け入れられないでしょう。

もうひとつ、最後に述べておきたいと思います。この《スピリチュアル》という心理臨床的センスに関するパラダイムについて、今日の世界の先進諸国の医療現場で注目され、その理解と活用が促進されていることです。日本の看護教育の教材にあるリストを見るだけでも驚かされます。たとえば「看護師によるスピリチュアルケア」「スピリチュアル・アセスメント」「メンタルヘルス・ケアにおけるスピリチュアリティ」「生命を脅かす病気とスピリチュアリティ」「老年看護におけるスピリチュアリティ」など、限りない盛況であることです。

おわりに

現在われわれが置かれている状況下で、パラダイムであろうとモデルであろうと、ここに示唆される多様な理解(照射)の角度から、こころの現象は見ていかなければなりません。そしてもうひとつ、この照射角度の方向性に《スピリチュアルな世界》のあることを知らなければなりません。〈超自我的なもの〉〈至高体験的なもの〉についてはここまでで述べてきました。しかし、これらの自我機能や体験的なものに由来する、クライエントとの心理臨床行為の展開過程で生ずる、たとえば超越的なクライエントへの影響力などは無視できない《スピリチュアルなもの》と、いえるのではないでしょうか。

アラブ諸国の人たちが「健康」のキーワードに《スピリチュアルなもの》を提案したことも、けっして等閑に付されるべきではないでしょう。これを「こころの霊性」などと呼ぶからおかしくなるのです。日本の文化について無神論をもって旨としている人はそうした言葉を拒絶して安心するか、それとも怪しむばかりなのです。「元気の世界」と呼べば、案外スムーズにいくかもしれません。「元気」とは、元《もと》から気《き》を出すことです。元《もと》とは、あらゆる事象の根源であり起源です。つまり、こころ(気)の始まるところです。英語で「元気」をスピリット *spirit* と言いますから、単なる言葉の言い換えと捉えるか、それとも含蓄的だと受け止められるか、それは皆さんにお任せして、今日はこの辺でピリオドを打つことにします。

付記

筆者のヌミノース体験についての小論は「スピリチュアルな体験から示唆されること」（大塚義孝『こころの時代を歩く』〔誠信書房、二〇〇八年、二一〇〜二一九頁〕）を。また本論の基本的論述の主旨は、指定大学院のテキストとして刊行されている、大塚義孝編『臨床心理学全書 第一巻 臨床心理学原論』〔誠信書房、二〇〇四年〕を参考にしてください。

著者略歴（本書掲載順）

岸本寛史（きしもと・のりふみ）

1966年生まれ、京都大学医学部卒業。
内科医、京都大学医学部附属病院准教授。

氏原　寛（うじはら・ひろし）

1929年生まれ、京都大学文学部卒業。
学術博士、帝塚山学院大学大学院教授。臨床心理士。
帝塚山学院大学大学院心理教育相談センター長。

松木邦裕（まつき・くにひろ）

1950年生まれ、熊本大学医学部卒業。
日本精神分析協会正会員。精神分析オフィス開業。

皆藤　章（かいとう・あきら）

1957年生まれ、京都大学大学院博士課程単位取得退学。
文学博士、京都大学大学院教育学研究科教授。臨床心理士。
日本臨床心理士養成大学院協議会事務局長。日本臨床心理士会理事。

大塚義孝（おおつか・よしたか）

1931年生まれ、金沢大学法文学部哲学科（心理学専攻）卒業。
学術博士、京都女子大学名誉教授。臨床心理士。
帝塚山学院大学大学院人間科学研究科科長。
財団法人日本臨床心理士資格認定協会専務理事。

心理臨床の広がり
帝塚山学院大学大学院〈公開カウンセリング講座〉④

初版第1刷発行　2009年5月30日　©

著　者　岸本寛史・氏原寛・
松木邦裕・皆藤章・大塚義孝

発行者　塩浦　暲

発行所　株式会社 新曜社
〒101-0051　東京都千代田区神田神保町2-10
電話(03)3264-4973(代)・FAX(03)3239-2958
e-mail　info@shin-yo-sha.co.jp
URL　http://www.shin-yo-sha.co.jp/

印刷・製本　株式会社 太洋社　Printed in Japan

ISBN 978-4-7885-1160-6　C1011